Flora Virginica: Exhibens Plantas Quas V. C. Johannes Clayton In Virginia Observavit Atque Collegit, Volumes 1-2

Johannes Fredericus Gronovius, John Clayton

FLORA VIRGINICA

Exhibens

PLANTAS

Quas

V. C.

JOHANNES CLAYTON

In

VIRGINIA

Obſervavit atque collegit.

Eaſdem

Methodo Sexuali diſpoſuit, ad Genera propria retulit, Nominibus ſpecificis inſignivit, & minus cognitas deſcripſit

JOH. FRED. GRONOVIUS.

PARS PRIMA.

LUGDUNI BATAVORUM,

Apud CORNELIUM HAAK, 1739.

VIRO

PRÆSTANTISSIMO,

JOHANNI CLAYTONO

JOH. FRED. GRONOVIUS S. P. D.

SUmmopere mihi gratulabar, Vir Eruditissime, quum ex Literis Tuis, quas A. MDCCXXXVI. ad me dedisti, intellexerim Observationes meas in octoginta Plantarum Specimina Tuo calculo non solum comprobatas fuisse, sed etiam præbuisse occasionem arctiore benevolentiæ Tuæ vinculo me Tibi constringendi; postquam enim literæ meæ in manus Tuas pervenerant, omni morâ amputatâ alia etiam plantarum specimina, sed & binis insequentibus annis ingentem eorundem numerum, summa diligentia atque improbo labore a Te in ea, qua degis, Virginiæ regione collectorum, atque curate exsiccatorum ad me transmittere fuisti dignatus, & quidem istum in finem, quo earundem Plantarum Classes, Genera & Nomina, quibus apud Botanicos Scriptores venire solent, Tibi exhiberem; quæ opera mea Te quoque incitavit ad exspatiandum porrò in amœnissimo plantarum prato, easque in genuinum σύστημα digerendum, quod quam prospero successu

Rajanam Methodum ſecutus præſtiteris, teſtatur HERBARUM, FRUTICUM, ARBORUMQUE IN VIRGINIA SPONTE NASCENTIUM ad me miſſus CATALOGUS, quo ſupellectilem librariam meam pro ſummo Tuo erga me bene merendi ſtudio augere voluiſti, uberrime confirmans ſententiam Raji indicio Doodii, Vernoni, Krieggii & aliorum, ſcribentis herbas in Provincia Penſilvania, Virginia, Marilandia, Nova Anglia eſſe prorſus eaſdem. Addo etiam, quod ex eodem Catalogo Tuo me didiciſſe agnoſco, innumeras plantas in Virginia ſponte naſci, quas Aſia & Europa magno proventu proferunt.

Summa ſane cum diligentia Eximii Viri Doodius, Vernonus, Krieggius & Baniſterus ex variis Indiæ Meridianæ Regionibus plantas olim collegerunt, ſed quod dolendum, Obſervationes, quas Inclyti iſti Viri chartæ mandaverant, poſt eorum mortem integræ evanuerunt præter pauca earundem fragmenta, quæ ab interitu vindicavit Rajus, cujus ſummi Viri veſtigia ipſe etiam premere dum conor, a me impetrare non potui, quin Catalogum adeo incredibili labore a Te confectum publicarem, ne pari fati invidia aliquando adroderetur; cujus inſtituti mei quamvis Te propter regionum, quas inhabitamus, diſtantiam, certiorem facere non potui, id ſolum, quod potui, præſtiti, & Catesbejo, Apollinis Americani Æditituo, cujus amicitia uterque gloriamur, per literas hoc inſtitutum meum ſignificavi, isque mihi auctor fuit, ut τὸ τέκνον typis exaratum,

tum, & publicæ luci expositum εἰς τὸν πατέρα remitterem, atque identidem me monuit, Te publico bonarum literarum commodo magis, quam privato Scriptorum tuorum usu delectari.

Nullus igitur dubitavi, auctoritate Amici nostri nixus, opus hoc aggredi, & specimina Plantarum, quotquot etiam Tuo munere acceperam, cum perspicacissimo Linnæo examinare, rariorumque Characteres * indagare, quos Generibus suis adserere non dedignatus fuit. Utinam reliqua etiam cum Doctissimo Viro ad examen revocare mihi licuisset, quæ hoc anno atque superiori transmisisti specimina. Verum post discessum Ejus solus ego pro virili operam dedi, ut rariorum Plantarum Characteres conscriberem, enixe Te rogans, ut Eos in virentibus plantis denuo examines, erroresque, si qui fortè a me commissi fuerint, pro summa humanitate Tua emendes.

Singulis Plantis adjeci Nomina Specifica, quæ exstant in Horto Cliffortiano & Flora Lapponica; reliquis, quæ istic non obviæ erant, Plantis ipse ea adaptavi, methodum componendi Nomina Specifica a Linnæo præscriptam secutus. Quibusdam verò Nomen non addidi, haud tantum confidens propriis observationibus, quare eas Tibi examinandas propono, ut alteri Floræ Virginicæ parti, quam adorno, inseri queant.

Synonymum singulis plantis unicum modò apposui,

* Hi sunt Melothria, Xyris, Houstonia, Cephalanthus, Claytonia, Pontederia, Prinos, Medeola, Rhexia, Clethra, Hydrangea, Penthorum, Trichostema, Schwalbea, Diodia, Obularia, Chrysogonum, Nyssa.

posui, selectissimum ex optimæ notæ Scriptore; e quo reliqua facilè hauriri queunt: exceptis paucis plantis, quarum synonyma apud varios sparsim leguntur Auctores, neque hactenus ab ullo collecta sunt.

Porrò optimum duxi fore, ut Asteriscus præfigeretur Plantis, quarum nomina in Catalogo recensuisti, quarumque specimina nondum ad me pervenere.

Quod si hæc Methodus Tibi placuerit, omnibus viribus studiis Tuis inservire porrò contendam. Interim Te rogo, ut hoc qualecunque existimationis meæ erga eximias virtutes Tuas pignus accipias, Deumque O. M. precor, ut longissimum illud iter, quo centum & quinquaginta milliaria peragrare divæ Botanices constituendæ amplificandæque ergo proposuisti, feliciter peragas, & postquam Plantarum Virginicarum Historia ad finem a Te perducta fuerit, ad reliquas Historiæ Naturalis Provinciæ Virginiæ partes illustrandas Te accingas. Vale.

FLORA VIRGINICA.

Classis I.

MONANDRIA.

DIGYNIA.

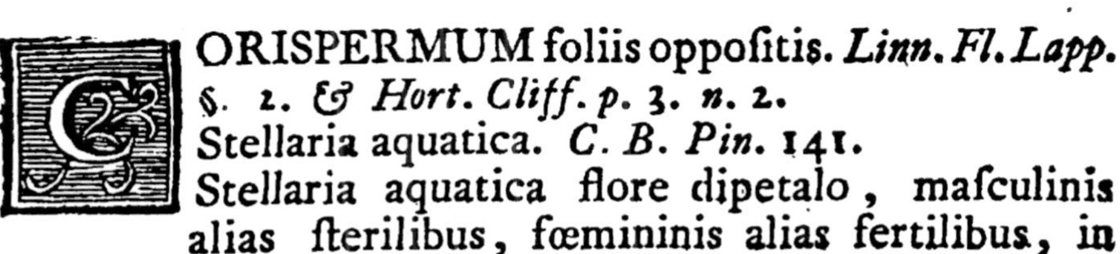

ORISPERMUM foliis oppositis. *Linn. Fl. Lapp.* §. 2. & *Hort. Cliff. p.* 3. *n.* 2.
Stellaria aquatica. *C. B. Pin.* 141.
Stellaria aquatica flore dipetalo, masculinis alias sterilibus, fœmininis alias fertilibus, in eadem planta confertis. *Clayt. n.* 378.

Classis II.

DIANDRIA.

MONOGYNIA.

* CIRCÆA floribus albis, foliis adversis crenatis latis, in acumen desinentibus. *Clayt.*

Circæa Canadensis latifolia, flore albo. *Tourn. Inst. R. H. p.* 301.
Cum Circæa Lutetiana Lobelii omnino convenit, excepta magnitudine: corolla quoque viridi & rubra ludit. Confer Hort. Cliff. p. 7.

VERONICA foliis quaternis quinisve. *Linn. Hort. Cliff. p.* 7. *n.* 1.
Veronica Virginiana altissima, spica multiplici, floribus candidis. *Boerh. Ind. Alt. Part. I. p.* 226.
Anonymos foliis quatuor serratis, ad genicula cruciatim positis, floribus albis spicatis. *Clayt. n.* 428.

VERONICA foliis oppositis lævibus crenatis, floribus laxe spicatis ex alis. *Linn. Hort. Cliff. p.* 8. *n.* 5. *Var.* β.
Veronica aquatica major folio oblongo. *Mor. Hist. Oxon. Part. III. S III. p.* 323.
Veronica aquatica floribus rotatis in summitate caulium, & ex foliorum alis spicatim dispositis. *Clayt. n.* 161.

VERONICA foliis oppositis cordatis crenatis, floribus solitariis sessilibus. *Linn. Hort. Cliff. p.* 9. *n.* 8.
Veronica flosculis singularibus, cauliculis adhærentibus. *Raj. Syn. III p.* 279.
Veronica supina, flore minimo cœruleo, foliis hirsutis crenatis, caulibus atro-rubentibus. *Clayt. n.* 368.

VERONICA foliis inferioribus oppositis ovatis, superioribus alternis lanceolatis, floribus solitariis. *Linn. Hort. Cliff. p.* 9. *n.* 12.
Veronica pratensis serpyllifolia. *C. B. Pin.* 247.
Veronica erecta, flore parvo albo caduco, foliis glabris oblongis. *Clayt. n.* 367.

VERONICA cauliculis procumbentibus, foliis linearibus, floribus sessilibus lateralibus.
Veronica humilis flore minimo albo rotato caduco, foliis

liis angustis glabris rigidis, caulibus pusillis procumbentibus. *Clayt. n. 226.*

Ad hanc speciem refero Polygonum erectum lignosum Roris-marini foliis Virginianum D. Banister. Plukn. Alm. p. 302. & Linulum Carolinianum humistratum, Knawel facie. Pet. Gazoph. Nat. T. 84. f. 6.

* VERONICA aquatica, floribus è foliorum alis singulis egressis. *Clayt.*

* VERONICA aquatica, Beccabunga dicta, flore cœruleo. *Clayt.*

Lysimachia *flore* pallide cœruleo, e singulis foliorum alis singulo, absque pediculo egresso, tubulato, ad oram quinquepartito, galea & labio a segmentis lateralibus non facile discernendis; *calyce* in quinque acuta segmenta ad unguem fisso; *foliis* subrotundis crenatis auriculatis adversis; *caule* simplici infirmo; *vasculo* acuminato duro bicapsulari. *Clayt. n.* 169.

Singularis est planta ad Diandriam Monogyniam corollis inæqualibus referenda.

CAL. *pentaphyllus, foliolis linearibus longitudine fere floris, erectis, persistentibus.*

COR. *monopetala ringens, labio superiore bipartito, inferiore trifido, lacinia media productiore.*

STAM. *Filamenta duo, longitudine fere corollæ. Antheræ incumbentes.*

PIST. *Germen ovatum, desinens in Stylum subulatum. Stigma compressum, bifidum.*

PERIC. *Capsula ovata acuminata, bilocularis.*

SEM.

Caulis *est teretiusculus, pubescens, minus ramosus.* Folia *ovato-oblonga, sessilia, acuta, rigida, quæ in utroque latere versus apicem unica serratura notantur.*

Flores *in singula ala communiter solitarii, fere sessiles, duabus stipulis utrinque instructi.* Corolla *pallide cœrulea.*

Anonymos. an Ruelliæ ſpecies? *Clayt. n.* 408.
Planta eſt herbacea erecta, foliis lanceolatis oppoſitis, integris, glabris, ſeſſilibus, Aſclepiadis caule erecto ſimplici, foliis lanceolatis, umbellis alternis erectis Hort. Cliff. p. 78. n. 6. folia referentibus. Pedunculi foliis longiores, ex alis foliorum egreſſi plane nudi in ſpicam terminantur floriferam; hique nunquam ex utraque ala, ſed alterna ſerie ex oppoſita parte prognaſcuntur.

CAL. *Perianthium quinquepartitum, laciniis lineari-lanceolatis, æqualibus, longitudine Tubi, perſiſtentibus.*

COR. *monopetala ringens. Tubus patulus, longitudine Limbi. Labium ſuperius ovatum, inferius tripartitum, laciniis oblongis æqualibus.*

STAM. *Filamenta duo, dorſo Corollæ adnata, longitudine Labii ſuperioris. Antheræ in ſingulo Filamento duæ, reniformes, altera paulo altiore.*

PIST. *Germen ovatum. Stylus longitudine Staminum. Stigma tenue bifidum, lacinia inferiore reflexa.*

PERIC. *Capſula*

SEM.

DIANTHERA vocari meretur ob duas Antheras in uno Filamento. In Salviis quidem ſimile quid occurrere videtur, ſed in iis Filamenta ſibi incumbunt.

UTRICULARIA nectario ſubulato.
Pyrola floribus albis ſpicatis, caule aphyllo, folio rotundo ſerrato, pediculo longiſſimo inſidenti. *Clayt. n.* 31.
Referenda eſt ad Lentibulariam Rivini, de qua Celeb. Dillenius in Cat. Giſſ. p. 145. *& Nov. Plant. Gen. p.* 115. *Tab.* 6.

GRATIOLA foliis lanceolatis obtuſis vix dentatis.
Anonymos aquatica flore tubulato, tubo angulato & velut quadrato, exterius purpureis lineis notato, limbo quadripartito, lacinia ſuperiore bifida alba non reflexa,
reli-

reliquis albis bifidis æqualibus, filamentis paucis albis crispis intus pubescenti . . . . . calyce persistente, in quinque acuta segmenta diviso, involucro lineari, diphyllo superne coronato, capsula ovata nonnihil acuminata. *Clayt. n.* 379.

VERBENA racemo simplicissimo, floribus sessilibus, calycibus fructus reflexis, racemoque appressis.
? Verbenaca Mariana Rosæ Chinensis folio, seminibus deorsum tendentibus. *Pet. Mus. n.* 694.
Verbenæ facie Anonymos, foliis latis crenatis acuminatis, ex adverso binis: floribus purpurascentibus, galea bifida reflexa, labello tripartito, in spicam longam dispositis: calyce tenui canaliculato deorsum nutante, & ad oram villoso, semen unicum triticeum continente. In umbrosis viget. *Clayt. n.* 129.
Non parum habet similitudinem cum Circææ foliis, Amaranthi Siculi Boccone spica floribus parvis purpureis propendentibus Herba Floridana. Plukn. Amalth. p. 59. *T.* 380. *f.* 5.

VERBENA foliis ovatis, caule erecto, spicis filiformibus. *Linn. Hort. Cliff. p.* 11. *n.* 5.
Verbena Urticæfolia Canadensis. *Tourn. Inst. R. H p.* 200.
Verbena alta foliis Urticæ, floribus dilute cœruleis spicatim in summis caulibus congestis. *Clayt. n.* 431.

VERBENA caule repente, foliis oblongis superne crenatis, pedunculis solitariis capitatis.
Anonymos maritima repens, foliis angustis serratis rigidis acuminatis ex adverso binis, in summo caule & ex alis foliorum florens, floribus albicantibus e capitulis squamosis purpureis egressis, quæ pediculis longis sustinentur. Semen unicum pilis coronatum instar Scabiosæ inter squamas reconditum unicuique flosculo succedit. *Clayt. n.* 448. *Datur Hujus singularis varietas, cujus folia lanceolata oblonga, duos pollices transversos longa, acute serrata & acuminata.*

* VER-

VERBENA humilior foliis incisis. *Clayt.*

LYCOPUS *foliis lanceolatis tenuissime serratis.*
Lycopus flore albo, foliis virentibus longis angustis gramineis. *Clayt* *n.* 185.
Ab hac verticillis magis approximatis, & foliis profundius serratis differt Lycopus Canadensis glaber foliis integris dentatis D. Sherard, quam speciem nomine Lycopi flore minimo albo, foliis purpureis glabris acuminatis serratis, odore remisso. n. 181. *inscripsisti.*

MARRUBIUM aquaticum Marilandicum majus latifolium, verticillis minimis. *Raj. Hist. Plant. Tom. III. p.* 288. *n.* 4.

SALVIA *labio Corollæ superiori breviore, fauce patente.*
Dracocephalon flore longo cœruleo, caule quadrato erecto, foliis amplis sinuatis rugosis ferrugineis ad finem rotundis, in caule paucis. *Clayt. n.* 19. & 391.

SALVIA *foliis ovatis oblongis duplicato-serratis, calycibus trifidis, lacinia suprema tridentata.*
Horminum Virginianum erectum, Urticæ foliis, flore minore. *Mor. Hist. Oxon. Part. III. S. XI. p.* 395. *T.* 13. *f.* 31. *quod Synonymum minus recte in Horto Cliffortiano tribuitur Sclareæ Mexicanæ altissimæ facie Heliotropii Hort Elth.*
Horminum sylvestre odoratum, flore ex violaceo & albo variegato, galea parva, foliis rugosis acuminatis crenatis. *Clayt. n.* 292.

SALVIA foliis serrato-sinuatis, corollis calyce angustioribus. *Linn. Virid. p.* 3.
Salvia foliis pinnatim incisis glabris. *Linn. Hort. Cliff. p.* 12. *n.* 8.
Horminum sylvestre flore violaceo, foliis sinuatis serratis, caulibus supinis. *Clayt. n.* 272.

MO-

MONARDA floribus verticillatis. *Linn. Hort. Cliff. p.* 495. *ubi pro* Virginianas *leg.* Noveboracenſes.
Origanum floribus amplis luteis purpureo maculatis, cujus caulis ſub quovis verticillo decem vel duodecim foliis eſt circumcinctus. *Baniſt. Cat. Stirp. Virg.*
Clinopodium floribus amplis luteis purpureo-maculatis, cujus caulis ſub quovis verticillo decem vel duodecim foliolis rubentibus circumcingitur. *Clayt. n.* 140.

MONARDA foliis ovato-lanceolatis, verticillis lateralibus dichotomis corymboſis, foliolis inæqualibus exceptis.
Clinopodium Menthæ folio incanum & odoratum. *Dill. Hort. Elth. p.* 87. *T.* 74. *f.* 85.
Clinopodium foliis oblongis rugoſis ſerratis, ſupremis ſuperne canitie tectis, floribus Menthæ in coronis vel corymbis incanis caules terminantibus denſe ſtipatis, floribus foliiſque odore grato præditis. *Clayt. n.* 212.

MONARDA ſpica interrupta, involucris longitudine verticillorum lanceolatis.
Clinopodium anguſtifolium non ramoſum, flore cœruleo, labio trifido atro-purpureis maculis notato. *Plukn. Alm. p.* 110 *T.* 164. *f.* 3.
Clinopodium non ramoſum flore cœruleo, labio trifido atro-purpureis maculis notato. *Mor. Hiſt. Oxon. Part. III. S. XI. p.* 374. *n.* 6. *Tab.* 8 *fig.* 6.
Clinopodium flore cœruleo. *Clayt. n.* 412.
Spicam terminant duo treſve verticilli, cincti involucro multiplici, floſculis vix longiori, quod conſtat foliolis coloratis nitidis ciliatis, exterioribus ovato-lanceolatis, interioribus lineari-lanceolatis. Calyces piloſi ſeu hiſpidi, parum inæquales. Corolla minima, hirſuta. Folia lanceolata, obſolete ſerrata. Reliqua ex deſcriptione Bobarti apud Raj. Hiſt. Plant. Tom. III. p. 299. *n.* 4. *petenda.*

Classis III.

TRIANDRIA.

MONOGYNIA.

VALERIANA caule dichotomo, capitulis terminatricibus involucro cinctis.
Valerianella Marilandica, foliis oblongis obtusis. *Raj. Hist. Plant. Tom. III. p.* 244.
Valerianella præcox floribus albis, semine compresso. *Clayt. n.* 43.

CHIONANTHUS. *Linn. Hort. Cliff. p.* 17.
Thymelææ affinis arbor floribus albis odoratis, ad unguem in quatuor longa angusta segmenta divisis, racematim dispositis, pendulis, aspectu plumis similibus: foliis amplis oblongis subtus quasi incanis; baccis magnis purpurascentibus Oleæ Hispanicæ fructui similibus, ossiculum durum striatum continentibus. Fringe-tree. *Clayt. n.* 46.

MELOTHRIA. *Linn. Hort. Cliff. p.* 490.
Cucumis fructu minimo viridi ad maturitatem producto nigricante. *Banist. Cat. Stirp. Virg.*
Bryoniæ albæ affinis floribus flavis, foliis parvis vitigineis, fructu cylindraceo, ad maturitatem producto nigricante, e pedicillo longo tenuissimo pendente. *Clayt. n.* 134.

IRIS radice fibrosa, caule unifloro, foliis breviore, corolla imberbi.
Iris Virginiana pumila S. Chamæiris verna angustifolia, flore pupuro-cœruleo odorato D. Banister. *Plukn. Alm. p.* 198, *T.* 196. *f.* 6.
Chamæiris repens verna, flore ex violaceo & aureo variegato, odorato, cujus etiam datur Varietas flore albo. *Clayt. n.* 253.

IRIS corollis imberbibus, germine trigono, caule ancipiti.
Iris aquatica Majo florens angustifolia, flore ex pallide cœruleo & nigro variegato, radice reptatrice. *Clayt. n.* 259.

COMMELINA foliis ovato-lanceolatis, caule erectiusculo scabro, petalis duobus majoribus. *Linn. Hort. Cliff. p.* 495. *n* 3.
Commelina erecta, ampliore subcœruleo flore. *Dill. Hort. Elth. p.* 90. *T.* 77. *f.* 88.
Commelina flore cœruleo dipetalo, cito marcescente, caule nodoso, foliis angustis acuminatis Ephemero nonnihil similibus. *Clayt. n.* 93.

* COMMELINA flore cœruleo tripetalo, cito caduco, caule teneriori, foliis minoribus. Pascuis & sylvis arenosis viget. *Clayt.*

XYRIS foliis gladiatis.
Gladiolus luteus tripetalos, floribus pluribus minimis ex uno capitulo squamoso erumpentibus. *Banist.*
Gladiolo lacustri accedens Malabarica, e capitulo botryoide florifera. *Plukn. Alm. p.* 170. *Tab.* 416. *fig.* 4.
Gramen junceum Brasilianum capite ovali squamoso florido. *Mor. Hist. Oxon. Part. III. S. VIII. p.* 229. *Tab.* 9. *f.* 28.
Gramen florens capitulo squamoso, Jupicai Brasiliensibus Pison. *Raj. Hist. Plant. Tom. II. p.* 1318.
Xyris caule nudo simplici gramineo junceo, floribus luteis monopetalis usque ad imum in tres partes sectis, fugacibus ante meridiem, e capitulis parvis squamosis exeuntibus, capitulo in uno caule unico: foliis a radice longis gramineis: capsula inter squamas recondita membranacea indivisa trifariam dehiscente, seminibus parvis rotundis luteis repleta. In pascuis madidis viget. *Clayt. n.* 219.
Succus contusæ plantæ ad Impetiginem curandam laudatur a Pisone.

CYPERUS floribus capitatis erectis pedunculatis.
Gramen dactyloide non ramosum, spicis triticeis brevibus plurimis tenuibus muticis, e foliorum rigidorum alis singulis egressis, semine triticeo. *Clayt. n.* 173.

CYPERUS culmo nudo triquetro acuminato, capsulis confertis sessilibus sub apice.
Juncus acutus maritimus, caule triquetro maximo molli, & procerior nostras. *Plukn. Alm. p.* 200.
Scirpus caule triquetro rigido, apice mucronato. *Clayt. n.* 398.

* CYPERUS caule triquetro, radice tuberosa inodora. *Clayt.*

* CYPERUS aquaticus, caule crassiore & altiore. *Clayt.*

SCIRPUS paniculatus, foliis floralibus paniculam superantibus.
Cyperus miliaceus ex Provincia Mariana, panicula villosa aurea. *Plukn. Mant. p.* 62. *T.* 419. *f.* 3. *ubi folia floralia dimidio breviora, quæ alioquin panicula duplo longiora sunt.*
Cyperus miliaceus Marilandicus, spicis seminiferis magis confertis, rubentibus, lanuginosis. *Raj. Hist. Plant. Tom. III. p.* 620. *n.* 13.
Gramen arundinaceum panicula lanata. *Clayt. n.* 205.

SCIRPUS culmo setaceo nudo, spica subglobosa.
Gramen Cyperoides caule tenui junceo. *Clayt. n.* 380.

DIGYNIA.

PANICUM paniculatum floribus muticis.
Gramen miliaceum Americanum majus panicula minore. *Plukn. Alm. p.* 176. *T.* 92. *f.* 7.
Gramen miliaceum foliis latis acuminatis. *Clayt. n.* 381.

PA-

PANICUM panicula capillari erecta, foliis pilosis.
Gramen miliaceum viride, foliis latis brevibus, panicula capillacea. *Sloan. Cat. Jam. p.* 35. & *Hist. Jam. Vol.* 1. *p.* 115. *n.* 34. *T.* 72. *f.* 3.
Gramen miliaceum autumnale. *Clayt. n.* 454.

POA spiculis ovatis oblongis nitidis, panicula diffusa.
Gramen pratense majus Virginianum. *Pet. Mus. n.* 239.
Gramen phalaroide altissimum, spica ampla longa, foliis paucis, staminum apicibus flavis valde conspicuis, e glumis tremulis pendentibus. *Clayt. n.* 273.

HORDEUM flosculis omnibus hermaphroditis, involucris flosculos crassitie & longitudine superantibus.
Gramen spicatum secalinum. *Clayt. n.* 446.
Spicam Hordei sativi magnitudine excedit. Singulo axi denticulato affiguntur duo involucra sessilia, unoquoque constante duobus radiis, qui ipsis flosculis duplo crassiores, longiores & striati dehiscunt, ac arista longa terminantur. Horum sinui versus latus interius inseruntur flosculi tres, quales in Hordeo sativo cernuntur, paulo minores angustioresque, nec tam remoti a se invicem.

TRIGYNIA.

Globulariæ affinis aquatica, caule tenui aphyllo gramineo, capitulis albicantibus parvis globosis, foliis paucis humistratis gramineis. *Clayt. n.* 234. & 439.
Petiverius & Pluknetius duobus titulis hanc speciem proponunt, nec ipse dissentirem, ni specimina num. 439. *inscripta errorem detexissent, quibus respondet*
Scabiosa graminea nudicaulis, capitulis argenteis, sive Statice minima Maderaspatana. Plukn. Alm. p. 366. *T.* 221. *f.* 7. *quæ eadem cum Randalia Madraspatana graminis folio globulifera Pet. Mus. n.* 796. & *Palea muta coree Malab. Act. Philos. Lond. vol.* 23. *num.* 285. *pl.* 256.

Specimina verò num. 234. transmissa exactissime referunt Eriocaulon Noveboracense capitulo albo globoso S. Globulariam Americanam Statices haud absimilem, cauliculis lana atronitente refertis. Plukn. Amalth. app. Tab. 409. f. 5. Huic synonyma sunto Randalia Americana procerior. Pet. Gazoph. Tab. 6. f. 2. & Planta Mariana capitulis albis conglobatis Ejusd. Mus. n. 658.

Hæc specimina ætate modo differunt, ac in eadem planta Scapos proferunt longiores ac minores, capitula majora & minora, eademque vel duriora vel molliora. Omnibusque est

CAL. *communis imbricatus in globum depressum ex squamis numerosis æqualibus, lanceolatis, unifloris, persistentibus.*

COR. *propria ex tribus petalis lanceolatis obtusis, apice villosis, basi attenuatis, connatisque in stylum pilosum, cui insidet Corolla.*

STAM. *tria capillaria patentia, germini insistentia. Antheræ oblongæ versatiles.*

PIST. *Germen tenue inter Stamina & Corollam. Styli tres, breves, capillares. Stigmata simplicia.*

PERIC. *nullum.*

SEM. *unicum corollâ volitans, uti pappo.*

MOLLUGO foliis oppositis, stipulis quaternis, caule dichotomo.
Knawel sive Polygono affinis erecta ramosa, caule rubente, leviter villoso, foliis hirsutis minimis subrotundis ex adverso binis. Semen in ramulorum divaricationibus minutissimum in vasculo parvo inclusum profert. *Clayt. n.* 316. & 317.

MOLLUGO foliis sæpius septenis, lanceolatis.
Alsine Spergula Mariana latiori folio, floribus ad nodos pediculis curtis circa caulem insidentibus, calyculis eleganter punctatis. *Plukn. Mant. p. 9. T. 332. f. 4.*
Herniaria arvensis repens, foliis quinque, sex, vel septem ad nodos stellatim positis. *Clayt. n.* 399.

Classis IV.

TETRANDRIA.

MONOGYNIA.

CEPHALANTHUS foliis oppositis & ternis.
Cephalanthus foliis ternis. *Linn. Hort. Cliff. p.* 73.
Scabiosa dendroides foliis latis acuminatis adversis, floribus albis monopetalis in capitula plurima sphærica dense coactis, staminibus plurimis longissimis extantibus. Buttonwood. *Clayt. n.* 106.

DIPSACUS capitulis florum conicis. *Linn. Hort. Cliff. p.* 24.
Dipsacus sylvestris aut Virga Pastoris major. *C. B. Pin.* *Clayt. n.* 267.

HOUSTONIA foliis radicalibus ovatis, caule composito, floribus solitariis.
Houstonia *Linn. Hort. Cliff. p.* 35.
Rubia parva foliolis ad geniculum unumquodque binis, flore cœruleo fistuloso. *Banist. Cat. Stirp. Virg.*
Houstonia primo vere ubique florens, floribus infundibuliformibus dilute cœruleis, foliis parvis adversis in caule paucis. *Clayt. n.* 60.

HOUSTONIA foliis ovato-lanceolatis, corymbis terminatricibus.
Rubia Mariana Alsines majoris folio, ad caulem binato, flore purpuro rubente. *Raj. Hist. Plant. Tom. III. p* 262. *n.* 8.
Rubia parva latifolia, foliis ad geniculum binis, flore rubente. *Banist. Cat. Stirp. Virg.*
Houstonia flore rubro tubuloso, foliis adversis leviter hirsutis, in summis caulibus ex alis foliorum umbellatim quasi florens. *Clayt. n.* 63.

* GALIUM caule ſingulari erecto, floribus flavis ex alis foliorum ſingulis egreſſis, pediculis longis tenuibus inſidentibus, foliis quinque vel ſex ad nodos ſtellatim poſitis. *Clayt.*

APARINE foliis quaternis obtuſis lævibus.
Rubia tetraphyllos glabra, latiore folio, Bermudenſis, ſeminibus laxis atro-purpureis. *Plukn. Alm. p.* 324 *T.* 248. *f.* 6. cujus foliorum quaterniones longioribus intervallis diſtant, ſurculique floriferi erectiores ſunt. *Raj. Hiſt. Plant. Tom. III. p.* 261.
Cruciata floribus atro-purpureis, ſeminibus lanugine quaſi tectis ad ſingulos flores binis. *Clayt. n.* 313.

* APARINE floribus albis, caule quadrato infirmo, foliis ad ſingula genicula quatuor, fructu rotundo glabro lucido. *Clayt.*

PLANTAGO foliis lanceolato-ovatis pubeſcentibus, vix denticulatis, ſpicis laxis pubeſcentibus.
Plantago media incana Virginiana ſerratis foliis annua. *Mor. Hiſt. Oxon. Part. III. S. VIII. p.* 259. *T.* 15. *f.* 8.
Plantago myoſotis S. trinervia hirſuta Carolina. *Raj. Hiſt. Plant. Tom. II. app. p.* 1889.
Plantago Virginiana Piloſellæ foliis anguſtis, radice turbinata. *Plukn. Alm. p.* 298.
Plantago foliis anguſtis hirſutis, ſeu potius Coronopus foliis integris. *Clayt. n.* 343.

* PLANTAGO latifolia glabra vulgaris. *Clayt.*

* PLANTAGO anguſtifolia glabra, cauliculis longis infirmis, ſpicis brevibus, ſtaminibus plurimis extantibus. *Clayt.*

COR-

CORNUS involucro maximo, foliolis obverse cordatis *Linn. Hort. Cliff. p. 38. n. 3.* 1
Cornus mas floribus quasi in corymbo digestis, per anthio albo e quatuor foliis composito radiatim expanso cinctis. Dogwood. *Clayt. n. 57.*
Noveboracensibus Yserbout audit, hinc forte Syderoxylum Rochefortii Hist. des Antill. cap. 6. f. 5.

CORNUS fœmina, floribus candidissimis umbellatim dispositis, baccis cœruleo-viridibus, ossiculo duro compresso biloculari. Swamp dogwood. *Clayt. n. 23.*
Cornus fœmina candidissimis foliis Americana. *Plukn. Alm. p. 128.*

EUONYMUS foliis lanceolatis.
Euonymus Virginianus Pyracanthæ foliis, capsula verrucarum instar exasperata rubente. *Plukn. Alm. p. 139. T. 115. f. 5.*
Euonymus Pyracanthæ foliis, capsulis coccineis eleganter bullatis. *Clayt. n. 75.*
Pedunculi communiter biflori, minusque subdivisi. Flores pentapetali. Folia superiora angustiora, infima latiora magisque ovata.

LUDWIGIA *Linn. Hort. Cliff. p. 491.*
Anonymus flore luteo specioso caduco, folio Salicis glabro alternatim posito, ex alis foliorum singulatim florescens, vasculo quadrato & quadripartito. *Clayt. n. 137.*

DIGYNIA.

APHANES *Linn. Hort. Cliff. p. 39.*
Perchepier Anglorum S. Polygonum Selinoides. *Clayt. n. 374.*

CUSCUTA caule aphyllo volubili repente.
Cuſcuta inter majorem & minorem media, filamentis longis & fortibus latiſſime ſuper arbores vel campos ſe extendens. *Sloan. Cat. Jam. p.* 85. & *Hiſt. Jam. Vol.* 1. *p.* 201. *n.* 26. *T.* 128. *f.* 4.
Cuſcuta aquatica caulibus aureis, fruticibus ſe longe implicans. *Clayt. n.* 215.

TETRAGYNIA.

ILEX foliis ovatis acutis dentatis. *Linn. Hort. Cliff. p.* 40. *n.* 1.
Agrifolium vulgare. *Clayt.*

*ILEX maritima, foliis oblongis non ſinuatis, glandibus eſculentis. *Clayt.*

Claſ-

Classis V.

PENTANDRIA.

MONOGYNIA.

MYOSOTIS seminibus hispidis, foliis lanceolato-ovatis.
Cynoglossum Virginianum flore minimo albo. *Banist.*
Cynoglossum Virginianum fructu & flore minimo D. Sherard. *Plukn. Alm. p.* 126.
Cynoglossum, flore albo minimo, foliis amplis latis tenuibus, caulibus ramulisque fragilibus, seminibus erecte ad plantam positis. *Clayt. n.* 111.
Folia respectu plantæ maxima. Pedunculi floriferi tenues.

ANCHUSA lutea minor, quam Indi Paccoon vocant, se ipsos ea pingentes. *Banist. Cat. Stirp. Virg.*
Anchusa minor lutea Virginiana, Puccoon Indigenis dicta, qua se pingunt Americani. *Plukn. Alm. p.* 30.
Anchusa parva lutea flores quasi umbellatim in summo caule ferens. *Clayt. n.* 304.
Ab hac non differre videtur Lithospermum Virginianum flore luteo duplici ampliori. Mor. Hist. Oxon. Part. III. S. XI. p. 447. *n.* 4. *T.* 28. *f.* 4. *licet nulli in caulibus pili, nec flores multiplicati, quos naturæ luxurianti adscribo.*

* LITHOSPERMUM floribus albicantibus rostratis. *Clayt.*

CYNOGLOSSUM foliis amplexicaulibus.
Cynoglossum floribus speciosis nunc albis nunc cœruleis, foliis maximis latis perfoliatis. *Clayt. n.* 257.

* CYNOGLOSSUM flore albo. *Clayt.*

* CYNOGLOSSUM flore rubro. *Clayt.*

* CYNOGLOSSUM flore atro-purpureo. *Clayt.*

PULMONARIA calyce tubo corollæ breviore, perianthiis quinquepartitis.
Symphytum S. Pulmonaria non maculata, foliis glabris acuminatis, flore patulo cœruleo. *Plukn. Alm. p.* 359. & *Amalth. p.* 198. *T.* 227. *f.* 6. *Mor. Hist. Oxon. Part. III. S. XI. p.* 444. *n.* 6.
Pulmonaria non maculosa, floribus tubulosis longis pulcherrimis cœruleis, in panicula pendula congestis, foliis teneribus glabris latis obtusis, ad margines æqualibus, pediculis dilute purpureis insidentibus; radice crassa instar Symphyti. Mountain Cowslip. *Clayt. n.* 339.

LYCOPSIS foliis lanceolatis, calycibus fructuum erectis. *Linn. Fl. Lap.* 77.
Buglossum sylvestre minus. *C. B. Pin.* 257.
Buglossum supinum, flore cœruleo, foliis Echii, caulibus foliisque asperis, maculis nigris hinc inde notatis. *Clayt. n.* 262.

*ECHIUM flore cœruleo, lineis intus rubris notato, staminibus rubris, foliis caulibusque hirsutis. *Clayt.*

*Idem flore carneo. *Calyt.*

LYSIMACHIA foliis ovato-acutis quaternis.
Anagallis Mariana lutea, foliis latis stellatis. *Pet. Gazoph. Nat. Tab.* 2. *f.* 5.
Anagallis flore flavo. *Clayt. n.* 419.

LYSIMACHIA foliis lanceolatis, floribus solitariis. *Linn. Hort. Cliff. p.* 52. *n.* 4.
Lysimachia lutea minor, foliis nigris punctis notatis. *C. B Pin.* 245.
Lysimachia lutea. *Clayt. n.* 433.

* Nummularia aquatica Becabungæ foliis, ad genicula florens, flore albicante tubulato, caule rubente succulento, radice repente. *Clayt.*

ANAGALLIS foliis ovatis. *Linn. Hort. Cliff. p.* 52.
Anagallis phœniceo flore. *C. B. Pin.* 252.
Anagallis terreſtris flore coccineo. *Clayt. n.* 401.

HYDROPHYLLUM. *Linn. Hort. Cliff. p.* 49.
Hydrophyllum Morini. *Tourn. Inſt. R. H. p.* 81.
Hydrophyllum floribus ſpecioſis albis. *Clayt. n.* 249.

AZALEA ramis infra flores nudis.
Azalea ſcapo nudo, floribus confertis terminatricibus, ſtaminibus declinatis. *Linn. Hort. Cliff. p* 69.
Ciſtus Ledon flore monopetalo rubente, Caprifolio ſimili, odorato, capſula ſicca longa anguſta, per maturitatem quinquefariam dehiſcente. *Clayt. n.* 52. [illegible] *Noveborac.*

AZALEA ramis infra flores folioſis.
Prioris ſpecies flore albo glutinoſo odoratiori. *Clayt. n.* 321.

AZALEA foliis lanceolatis integerrimis non nervoſis glabris, corymbis terminatricibus.
Ciſtus ſempervirens Laurifolia, floribus eleganter bullatis D. Baniſter. *Plukn. Alm. p.* 106. *T.* 161. *f.* 3.
Ciſtus Ledon S. Andromeda Laurifolia ſempervirens, floribus dilute carneis, purpureis maculis notatis, extra eleganter bullatis ad infundibuli formam proxime accedentibus, inodoris, confertim naſcentibus, capſula ſicca quinquefariam diviſa. [illegible] *Clayt. n.* 21.

* Ciſtus Ledon ſive Andromeda floribus monopetalis parvis albis tubuloſis, ſpicatim in ſummis ramulis diſpoſitis, foliis & facie Vitis Idææ, capſula minima ſicca quinquepartita. *Clayt.*

PHLOX foliis lineari-lanceolatis, caule recto, corymbo terminatrice. *Linn. Hort. Cliff. p.* 63.
Lychnidea folio Melampyri. *Dill. Hort. Elth. p.* 203. *T.* 166. *f.* 202.

Lychnidea flore rubente, plurimis in summo caule veluti umbellatim congestis, foliis Melampyri. Hujus plurimæ sunt species, quæ floris colore præcipue differunt. *Clayt. n.* 297.

CONVOLVULUS foliis cordatis, radice capitata.
Convolvulus megalorhizos, flore amplo lacteo, fundo purpureo. *Dill. Hort. Elth. p.* 101. *T.* 85. *f.* 99.
Convolvulus folio cordiformi, flore candido ad imum, intus purpureo. *Clayt. n.* 211.

CONVOLVULUS foliis sagittatis utrinque acutis. *Linn. Hort. Cliff. p.* 66.
Convolvulus minor arvensis. *C. B. Pin.* 294.
Convolvulus parvus, flore carneo, foliis Oxalis. *Clayt. n.* 265.

POLEMONIUM foliis pinnatis, radicibus reptatricibus. *Clayt. n.* 249.
Polemonium vulgare cœruleum. *Tourn. Inst. R. H. p.* 252.

CAMPANULA caule simplicissimo, foliis amplexicaulibus. *Linn. Hort. Cliff. p.* 65. *n.* 11.
Campanula pentagonia perfoliata. *Mor. Hist. Oxon. Part. II. S. V. p.* 457. *T.* 2. *f.* 23.
Campanula sive speculum Veneris, flore purpureo ex alis foliorum egresso, foliis subrotundis parvis alternis crenatis auritis. *Clayt. n.* 20.

LONICERA foliis subovatis, germine bifloro, corollis interne hirsutis, stylo bifido.
Baccifera Mariana Clematitis daphnoidis minoris folio. *Pet. Mus. n.* 363. & *Gazoph. Nat. Tab.* 1. *f.* 13.
Syringa baccifera Myrti subrotundis foliis, floribus albis gemellis ex Provincia Floridana. *Pluk. Amalth. p.* 198. *T.* 444. *f.* 2. *Catesb. Hist. Carol. Vol.* 1. *p.* 21. *Tab.* 20.
Chamæpericlymeni foliis plantula Marilandica, flore in summo caule unico tetrapetalo. *Raj. Hist. Plant. Tom. III. p.* 656. *n.* 16.

Sy-

Syringa baccifera sive Clematis Daphnoides repens aquatica, foliis parvis, floribus albis gemellis unicam baccam rubram carnosam duobus umbilicis præditam continentibus. *Clayt. n.* 28. *pl.* 2.

LONICERA floribus verticillatis sessilibus, foliis ovato-lanceolatis coalitis, fructu trispermo. *Linn. Hort. Cliff. p.* 57. *n.* 1.
Triosteospermum latiore folio, flore rutilo. *Dill. Hort. Elth. p.* 394. *T.* 293. *f.* 378.
Triosteospermum perfoliatum, floribus rubentibus quinque verticillatim ad nodos positis, baccis per maturitatem luteis insidentibus, caule concavo hirsuto, foliis oblongis venosis mollibus, radice alba longa amara. Feverroot & Cinque. *Clayt. n.* 84.

LONICERA floribus capitatis, pedunculatis ex alis, foliis petiolatis. *Linn. Hort. Cliff. p.* 58. *n.* 2.
Symphoricarpos foliis alatis. *Dill. Hort. Elth. p.* 371. *T.* 278. *f.* 360.
Vitis Idæa floribus parvis albis, ad genicula dense agminatim stipatis, pendulis, vix conspicuis, foliis parvis subrotundis adversis, viminibus rigidis rugosis, baccis parvis atro-rubentibus, haud humidis, dipyrenis. *Clayt. n.* 201. & 281.

SAMOLUS Valerandi. *J. B.* 3. 791.
Anagallis aquatica rotundo folio non crenato. *C.B.Pin.* 252.
Glaux exigua maritima, vel Samolus flore albo, folio Cochleariæ alterno, vasculo conico unicapsulari. *Clayt. n.* 314.

DATURA pericarpiis rectis ovatis. *Linn. Hort. Cliff. p.* 55. *n.* 1.
Stramonium flore albo. *Clayt. cujus varietas est*
Stramonium flore cœruleo. *Clayt.*

* VERBASCUM maximum floribus speciosis flavis, filamentis tenuibus purpureis, intus dense congestis, folio glabro viridi fusco, acuminato crenato. *Clayt.*

* VER-

* VERBASCUM fœtidum floribus albis, purpureis lineis notatis, folio glabro viridi, varie & profunde inciso. *Clayt.*

* Blattaria floribus plurimis albis, foliis odoratis villosis. *Clayt.*

SOLANUM caule inermi annuo, foliis ovatis angulatis. *Linn. Hort. Cliff. p.* 60. *n.* 3.
Solanum officinarum. *C. B. Pin.* 166.
Solanum floribus albis parvis, foliis atrovirentibus, baccis nigris racematim dispositis. *Clayt. n.* 430.

PHYSALIS radice perenni, foliis cordatis obtusis. *Linn. Hort. Cliff. p.* 496. *n.* 7.
Alkekengi Bonariense repens, bacca turbinata viscosa. *Dill. Hort. Elth. p.* 11. *T.* 10. *f.* 10.
Alkekengi fructu luteo dulci in racemis pendulis sparso, pediculo longo insidente, flore flavescente. *Clayt. n.* 128.

* HEDERA Fraxini foliis in altitudinem magnam ascendens. *Clayt.*

VITIS foliis quinatis, foliolis ovatis serratis. *Linn. Hort. Cliff. p.* 74. *n.* 3.
Edera quinquefolia Canadensis. *Corn. C.* 41.
Vitis vel potius Hedera quinquefolia scandens. *Clayt. n.* 116.

* Vitis uva mediocri, acinis nigricantibus subacidis. *Clayt.*

* Vitis serotina, acinis parvis nigricantibus acidis. *Clayt.*

* Vitis Vulpina dicta; acinis peramplis purpureis, in racemo paucis, sapore fœtido & ingrato præditis, cute crassa carnosa. *Clayt.*

* Vitis Vulpina serotina, foliis parvis triangulatis ad margines serratis, fructu prioris. *Clayt.*

CELASTRUS inermis, foliis ovatis ſerratis trinerviis, ramis ex ſummis alis longiſſimis. *Linn. Hort. Cliff. p.* 73. *n.* 5. Euonymus Novi Belgii, Corni fœminæ foliis. *Comm. Hort. Amſt. Part. I. p.* 167. *T.* 86.
Frutex ad altitudinem trium vel quatuor pedum aſſurgens, floribus albis minimis pentapetalis ſpicatim diſpoſitis, haud odoratis, foliis Ulmi, viminibus lentis: capſula ſicca triloba triloculari rutacea, ſemen unicum in unoquoque loculamento continenti, radice magna craſſa exterius rubente. *Clayt. n.* 69. & 311.

CLAYTONIA.
Anonymos caule infirmo ſupino, foliis longis anguſtis ſucculentis, floribus ſpecioſis albis, rubris lineis intus notatis, ſpicatim quaſi diſpoſitis, calyce monophyllo in duas partes ſecto, vaſculo membranaceo unicapſulari. Decidentibus floribus Caulis & Capſula ſe ſub terra recondunt. Monocotyledonum inſtar protrudit unicum foliolum. Vere floret. *Clayt. n.* 251.
Radix *tuberoſa.*
Caulis *ſemipalmaris tener, ſuperne craſſior, terminatus racemo brevi laxo patente, floribus ſex, octo, vel decem onuſto, quorum ſingulus proprio & indiviſo inſidet pedunculo.*
Folia *communiter duo linearia, utrinque acuminata, tres digitos longa, glabra, carnoſa, quorum unum ad radicem caulis, alterum verò ad exortum racemi poſitum eſt.*
Calyx *bivalvis vireſcens ovatus obtuſus.*
Corolla *incarnata.*
In Phytophylacio Collinſoniano datur ſpecimen foliis & caule huic ſimile, quod Pluknetius titulo Ornithogalo affinis Virgin. flore purpureo pentapetaloide D. Baniſter *deſcripſiſſe videtur.*

Anonymos ſ. Belvedere. *Clayt. n.* 4.
CAL. *monophyllus, quinquepartitus, acutus, parvus, perſiſtens.*
COR. *pentapetala, æqualis, petalis patentibus oblongis, obtuſis.*
Nectarium cylindraceum in centro corollæ, eaque dimidio brevius, monophyllum ore quinquefido.

STAM. *Filamenta quinque, breviſſima, ex inciſuris Nectarii. Antheræ ſubrotundæ.*

PIST. *Germen ſubrotundum. Stylus ſimplex, longitudine Nectarii. Stigma obtuſum.*

PER. . .

SEM. . .

Nectarii Situs & Figura valde ſingularis eſt, eodemque modo ſe habet in Cynancho & Melia; ab his tamen differt ſtaminibus, piſtillo & calyce. Caulis eſt nudus ſimpliciſſimus, ſpica alba laxa terminatus.

Anonymos Suffrutex foliis Salicis alternis, flore cœruleo è tubo longo anguſto in quatuor (*an non quinque*) lacinias acutas expanſo. Nerii ſpecies. *Clayt. n.* 306.

Usque dum Characterem ex vivis conſcripſeris plantis, Neriis attribui poteſt.

CAL. *omnium minimus, quinquedentatus.*

COR. *hypocrateriformis, limbo quinquepartito, laciniis linearibus.*

STAM. *Filamenta quinque, breviſſima, in fauce tubi corollæ. Antheræ ſimplices.*

PIST. *Germen ovatum. Stylus ſimplex. Stigma capitatum.*

PER. . .

SEM. . .

Folia alterna, ovato-lanceolata, integra, quibus differt ab altera ſpecie, quæ datur in Phytophylacio Collinſoniano, cui Folia ſunt oppoſita, margine ſerrata.

DIGYNIA.

ASCLEPIAS foliis verticillatis linearibus ſetaceis.

Apocynum Marianum erectum Linariæ anguſtiſſimis foliis umbellatum. *Plukn. Mant. p.* 17.

Apocynum Marianum foliis anguſtiſſimis ſtellatis. *Pet. Muſ. n.* 609.

Apocynum erectum non ramoſum, foliis Rorismarini, floribus albis in umbellis diſpoſitis, ſiliquis binis ſingulis floribus ſuccedentibus. *Clayt. n.* 216.

AS-

ASCLEPIAS hirsuta, foliis ovatis obtusis subsessilibus, caule decumbente.
Apocynum Carolinianum Aurantiacum pilosum. *Pet. Hort. Sicc. n.* 90.
Apocynum flore saturate aureo, in umbellas disposito, foliis hirsutis, caulibus supinis ligneis rotundis hirsutis, foliis plurimis vestitis. *Clayt. n.* 83.

ASCLEPIAS caule erecto annuo, foliis ovatis acuminatis alternis, pluribus in pedunculo umbellis.
Apocynum erectum non ramosum, folio subrotundo, umbellis florum rubris. *Clayt. n.* 263.

ASCLEPIAS caule erecto ramoso annuo, foliis lanceolatis, umbella terminatrice erecta composita. *Linn. Hort. Cliff. p.* 78. *n.* 4.
Apocynum minus rectum Canadense. *Corn. C.* 38.
Periploca aquatica erecta, foliis Salicis, flore carneo in umbella coacervato, siliquis magnis tumidis hirsutis. *Clayt. n.* 222.

ASCLEPIAS caule erecto simplici, foliis lanceolato-ovatis glabris, pedunculis alternis, umbellis erectis.
Apocynum Persicariæ mitis folio, corniculis lacteis. *Dill. Hort. Elth. p.* 33. *Tab.* 29. *f.* 32.
Apocynum erectum non ramosum, folio subrotundo, umbellis florum speciosis albis. *Clayt. n.* 65.

ASCLEPIAS caule erecto simplici annuo, foliis ovato-oblongis, subtus incanis, umbella nutante. *Linn. Hort. Cliff. p.* 78. *n.* 3.
Apocynum majus Syriacum rectum. *Corn. C.* 37.

CYNANCHUM caule volubili perenni, inferne suberoso fisso, foliis cordatis acuminatis. *Linn. Hort. Cliff. p.* 79. *n.* 5.
Periploca Caroliniensis, flore minore stellato. *Dill. Hort. Elth. p.* 308. *Tab.* 229. *f.* 296.

Periploca late ſcandens, flore ferrugineo, foliis cordiformibus, capſulis echinatis, ſingulis floribus ſingulis, ſeminibus lanugine argentea alatis. Varietas datur Capſulis glabris. *Clayt. n.* 1. & 223.

APOCYNUM foliis ovatis acutis ſubtus tomentoſis.
Aſclepias erecta ramoſa, caule rubente, cortice cannabino, floribus parvis obtuſe albicantibus, foliis oblongis acuminatis, ſiliquis binis. *Clayt. n.* 438.
Umbellæ in hac ſpecie, non ut in reliquis, regulares ſunt, ſed varie ſubdiviſæ. Corollâ planâ cum aliis ſui generis convenit. Hujusque varietates ſunt, quas Pluknetius Tab. 260. *fig.* 3. & 4. *proponit.*

* Mercurialis Anglicus S. Bonus Henricus. *Clayt.*

* CHENOPODIUM caule rubente ſtriato, foliis amplis triangularibus ſerratis, pediculis longis inſidentibus, humore pingui quaſi tectis. *Clayt.*

* CHENOPODIUM fœtidum polyſpermum, foliis flaveſcentibus laciniatis. *Clayt.*

* CHENOPODIUM foliis anguſtis dilute viridibus. *Clayt.*

* CHENOPODIUM eſculentum foliis triangularibus profunde crenatis, ſuperne pulverulentis, nondum expanſis dilute purpureis. *Clayt.*

* Botrys præalta fruteſcens, foliis longis laciniatis. *Clayt.*

SALSOLA foliis pungentibus. *Linn. Hort. Cliff. p.* 86.
Kali ſpinoſum cochleatum. *C. B. Pin.* 289.
Kali fructum ad nodos aculeatum, ſemen unicum in ſpiram convolutum continentem ferens. *Clayt. n.* 432.

MITREOLA. *Linn. Hort. Cliff. p.* 492.
Mitra *Houſt.*

Rubia spicata parva alba, foliis semper ex adverso binis glabris, Ocymo similibus, sed ad margines æqualibus. *Clayt. n.* 187.

Filamenta huic sunt quinque intra Tubum corollæ brevissima. Antheræ simplices. De Pistillo, Pericarpio & Semine consule Hort. Cliff. l. c.

HEUCHERA. *Linn. Hort. Cliff. p.* 82.

Mitella Americana, flore squalide purpureo villoso. *Boerh. Ind. Alt. Part. I. p.* 208. *Clayt. n.* 301. & 424.

GENTIANA floribus duodecim petalis, foliis distinctis.

Centaurium minus floribus carneis in undecim vel duodecim segmenta divisis. *Clayt. n.* 120.

CAL. *duodecimfidus, laciniis linearibus erectis.*

COR. *Petalum unicum, ad unguem in duodecim lacinias lanceolatas erecto-patulas divisum, calyce longius.*

STAM. *duodecim, petalo adnata, longitudine calycis. Antheræ oblongæ, spiraliter intortæ.*

PIST. *unicum. Germen subrotundum. Stylus longus, intortus. Stigma simplex.*

PER. . .

SEM. . .

GENTIANA caule ramisque ramosissimis, foliis subulatis minimis.

Centaurium minus spicatum angustissimo folio, sive scoparium Marilandicum novum. *Plukn. Mant. p.* 43. *Tab.* 342. *f.* 3.

Centaurium luteum caulibus plurimis succulentis, foliis minimis vestitis, flore flavo quinquepartito fugaci, matutino tempore conspicuo, cui vasculum rubrum integrum acuminatum, seminibus parvis repletum succedit. Gronov-plue. *Clayt. n.* 110.

GENTIANA floribus ventricosis campanulatis erectis quinquefidis, foliis ovato-lanceolatis.

Gentiana Virginiana Saponariæ folio, flore cœruleo longiore.

giore. *Mor. Hist. Oxon. Part. III. S. XII. p.* 484. *Tab.* 5. *f.* 4. *Catesb. Hist. Carol. Vol. I. Tab.* 70.
Gentiana autumnalis floribus saturate cœruleis, foliis rigidis. *Clayt. n.* 10.

Gentiana foliis linearibus acuminatis, pedunculis longissimis nudis unifloris oppositis.
Centaurium minus floribus pulcherrimis albis. *Clayt. n.* 171.
Corolla rotata est, laciniis lanceolatis quinque in floribus lateralibus, sex interdum in flore caulem terminante. Faux Corollæ nuda.

* Centaurium minus flore rubente, fundo luteo. *Clayt.*

* Centaurium minus foliis Serpilli, sapore amaro insignibus. *Clayt.*

* ULMUS altitudinis & crassitiei minoris, in madidis solummodo invenienda. *Clayt.*

ERYNGIUM foliis gladiolatis, utrinque laxe serratis, denticulis subulatis. *Linn. Hort. Cliff. p.* 88.
Eryngium campestre Yuccæ foliis, spinis tenellis hinc inde marginibus appositis. *Banist. Cat. Stirp. Virg.*
Eryngium campestre Yuccæ foliis. an Contrayervæ species? Ad morsus Serpentis Caudisoni & aliorum venenatorum optimum censetur remedium. *Clayt. n.* 282.

HYDROCOTYLE foliis peltatis orbiculatis undique emarginatis. *Linn. Hort. Cliff. p.* 88.
Hydrocotyle vulgaris. *Tourn. Inst. R. H. p.* 328.
Hydrocotyle repens flore albo, Cotyledonis folio. *Clayt. n.* 429.

HYDROCOTYLE repens flore albo, foliis in tres lobos partitis sive crenatis. *Clayt. n.* 396.

SANI-

SANICULA flosculis masculinis pedunculatis, hermaphroditis sessilibus.
Sanicula Marilandica caule & ramulis dichotomis, echinis minimis, in eodem communi pediculo ternis. *Raj. Hist. Plant. Tom. III. p.* 260.
Sanicula sylvatica floribus albis, foliis tricuspidatis. *Clayt. n.* 28.

DAUCUS seminibus hispidis. *Linn. Hort. Cliff. p.* 89. *n.* 1.
Daucus vulgaris. *Clus. Hist. CXVIII.*
Daucus sylvestris. *Clayt. n.* 444.

AMMI lacinulis foliorum capillaribus, caule angulato.
Umbellifera aquatica, foliis in minutissima & plane capillaria segmenta divisis. *Raj. Hist. Plant. Tom. III. p.* 260.
Anonymos aquatica parva, foliis in minutissima segmenta divisis, flore albo, odore Cumini. *Clayt. n.* 215.

LIGUSTICUM foliis duplicato-ternatis. *Linn. Hort. Cliff. p.* 97. *n.* 3.
Ligusticum Scoticum Apii folio. *Tourn. Inst. R. H. p.* 342.
Apii species floribus luteis. *Clayt. n.* 307.

ANGELICA foliolis æqualibus ovato-lanceolatis serratis. *Linn. Hort. Cliff. p.* 97. *n.* 2.
Angelica sylvestris major. *C. B. Pin.* 155.
Angelica sylvestris alta, foliis amplis alatis pinnatis, floribus albis odoratis, in umbellas densissimas latasque congestis, semine magno striato compresso foliaceo, Pastinacæ simili. *Clayt. n.* 125.

SIUM folio infimo cordato, caulinis ternatis, omnibus crenatis.
Anonymos floribus atro-purpureis, foliis ex uno pediculo ternis. *Clayt. n.* 291.
Multum convenit cum figura prima Nindzi, quam tradit Kæmpferus Amœn. Exot. fasc. 5. class. 3. plant. 1. nisi quod omni parte longe minor sit, florisque colore differat.

Ex

Ex superioribus foliis Medium longiori pedunculo producitur. Radix & Pediculi genua amplexantes ad mediam longitudinem profundo sulco cavati, eodem modo se habent, ut & Folium infimum singulum, languide dentatum, basi cordatum: superiora Folia etiam sunt ternata, ex ovato acuminata, denticulo acuto dense serrata, ex nervo insigni medio, & ex eo decurrentibus lateralibus, denso venularum complexu reticulata.

SCANDIX seminibus nitidis ovato-subulatis. *Linn. Hort. Cliff. p. 111. n. 3.*
Chærophyllum sativum. *C. B. Pin.* 152.
Cerefolium flore albo. *Clayt. n.* 407.

PIMPINELLA foliis lanceolatis glabris acuminatis, sæpius integerrimis, rarius serraturâ notatis.
Oenanthe maxima Virginiana Pæoniæ fœminæ foliis. *Mor. Hist. Oxon. Part. III. p. 288. Sect. IX. Tab. 7. f. 11*
Pimpinellæ Species aquatica non ramosa, foliis eleganter pinnatis longis angustis glabris odoratis acuminatis, supremis interdum medio incisis ad modum Thalictri, floribus parvis albis, semine Pastinacæ foliaceo compresso, radice Sisari. *Clayt. n.* 279.

ÆGOPODIUM foliolis lanceolatis-acuminatis serratis.
Angelica Charibæarum elatior Olusatri folio, flore albo, seminibus luteis striatis, Cumini odore & sapore. *Plukn. Alm. p. 31. T. 76. f. 1.*
Angelica Virginiana foliis acutioribus, semine striato minore, Cumini sapore & odore. *Mor. Hist. Oxon. Part. III. S: IX. p. 281. n. 9.*
Angelica elatior aquatica floribus albis plurimis, foliis alatis eleganter serratis, caule glabro fistuloso instar Cicutæ, ad imum maculato, semine parvo striato Apii, odore & sapore Cumini. *Clayt. n.* 13. & 123.

TRIGYNIA.

RHUS foliis ternatis, foliolis petiolatis ovatis acutis integris. *Linn. Hort. Cliff. p.* 110. *n.* 3.
Toxicodendron amplexicaule, foliis minoribus glabris. *Dill. Hort. Eltb. p.* 390. *Ubi Vir Celeberr. de lusu foliorum quoad ætatem & sexum egregiè disserit. Hinc tot novæ Species apud Auctores occurrunt, quæ meræ sunt varietates. Et hinc quoque Tua*
Hedera lactescens nunc recta nunc scandens trifoliata, folio querciformi. **Poison-Oak.** *n.* 238.
Hedera surrecta triphylla, medio folio querciformi. *Plukn. Mant. p.* 100.

* RHUS foliis amplis pinnatis, racemis atro-rubentibus. *Clayt.*

* RHUS staturæ minoris, foliis racemisque minoribus. *Clayt.*

CASSINE. *Linn. Hort. Cliff. p.* 72.
Phillyrea Capensis, folio Celastri. *Dill. Hort. Eltb. p.* 315. *T.* 236.
Arbuscula maritima foliis sempervirentibus, Phillyreæ similibus, sed minoribus, baccis parvis rubentibus tripyrenis. **Cassine.** *Clayt.*

TINUS foliis ovatis, in petiolos terminatis, integerrimis.
Opulus aquatica foliis subrotundis, frondibus albis in umbellas dispositis, baccis atro-purpureis, officulo compresso. *Clayt. n.* 64.

VIBURNUM foliis subrotundis serratis glabris.
Viburni species floribus albis umbellatim congestis, foliis Pruni, bacca molli atro-purpurea oblonga eduli, officulo duro compresso. **Black-Haw.** *Clayt. n.* 47.

Insignem Hujus Differentiam præbet Specimen in Phytophylacio Collinsoniano, cui folia Coryli glabra opposita, umbella supradecomposita absque involucro. Hinc Viburnum foliis cordato-orbiculatis glabris serratis plicatis appellari posset. cujus etiam datur Varietas foliis superioribus perfecte cordatis. An vero ad Viburnum potius, quam Tinum, Sambucum vel Opulum sit referendum, fructus docebit.

SAMBUCUS caule perenni ramoso. *Linn. Hort. Cliff. p.* 109.
Sambucus fructu in umbella nigro. *C. B. Pin.* 456.

* Staphylodendron triphyllum, vasculo tripartito. *Clayt.*

PENTAGYNIA.

ARALIA arborea aculeata. *Linn. Virid. p.* 26.
Aralia caule aculeato. *Ejusd. Hort. Cliff. p.* 113. *n.* 1.
Aralia arborescens, spinosa. *Vaill. Serm. p* 42
Angelica baccifera, sive Aralia arborescens spinosa. Gum-Bilar. *Clayt. n.* 233.

ARALIA caule nudo. *Linn. Hort. Cliff. p.* 113. *n.* 2.
Aralia Canadensis aphyllo caule. *Boerh. Ind. Alt Part. II. p.* 63.
Aralia foliis pinnatis amplis, lobis cordiformibus, floribus parvis albis, racematim ad caulium divaricationes congestis, caule atro-rubente villoso, baccis rubris umbilicatis compressis, semen unicum vel duo compressa striata continentibus, radice magna crassa odorata.
Hujus datur species *Ginseng* vocata, quæ hic montibus nascitur, a me nunquam visa; folia quinquefida, radicem aromaticam minorem habere fertur. Baccis priori convenit, sed statura humiliori est. *Clayt. n.* 42. *Non dubito, quin huic respondeat Araliastrum Quinquefolii folio majus, Ninzin vocatum D. Sarrasin. Vaill. Serm. p.* 43. *n.* 1.

ARALIA foliis ternis ternatis.
Nasturtium Marianum Anemones-sylvaticæ foliis enneaphyllon, floribus exiguis. *Pluku Mant. p 135. Tab. 435. f. 7.*
Araliastrum Fragariæ folio, minus. *Vaill Serm. p. 43 n. 3.*
Anonymos pusilla flore albo, foliis in uno pediculo ternis. Madidis Aprili floret. *Clayt. n. 329.*
In Phytophylacio Collinsoniano occurrunt duo Specimina, quorum singulum duobus foliis ternatis & tertio quinato instruitur. Hinc suspicari licet, speciem hanc ab Araliastro Quinquefolii folio minori D. Sarrasin. Vaill. Serm. p. 43. non esse diversam.

LINUM ramis foliisque alternis lanceolatis sessilibus, nervo longitudinali instructis.
Linum Catharticum floribus luteis, foliis minimis glaucis. *Clayt. n. 440.*

DROSERA scapis radicatis; foliis orbiculatis. *Linn. Flor. Lapp §. 109.*
Ros Solis folio rotundo. *C. B. Pin. 357. Clayt. n. 3.*

Classis VI.

HEXANDRIA.

MONOGYNIA.

RENEALMIA filiformis intorta. *Linn Hort. Cliff. p.* 129. Camanbaya Caroliniana cinerea. *Pet. Muf. n.* 752. Anonymos parafytica arboribus altiffimis innafcens, ex quarum ramulis ad longitudinem viginti pedum verfus terram protenditur. *Clayt. n.* 389.
Camanbaya Caroliniensis nigra Pet. Gazoph. Nat. Tab. 62. *fig.* 12. *non eft diverfa ab hac fpecies, fed folummodo interius Filum nigrum, cujus ope Icteri aves ædificant & fufpendunt nidos. Confer Sloan. Hift. Jam. Vol. II. p.* 299.

BURMANNIA fcapo biflore. *Linn. in Burm. Thef. Zeyl. p.* 51. *ubi pro Orientali leg. Occidentali.*
Burmannia flore duplici. *Linn. Obf. in Hort. Cliff. p.* 128.
Burmannia aquatica pufilla, flore purpureo pulchro, in uno caule unico, apicibus luteis minutiffimis, fegmentis tribus fingulari & peculiari modo, plumarum pofitionis ad fagittæ finem inftar, è pericarpii lateribus extantibus; caule humili aphyllo tenuiffimo capillaceo, foliis anguftis, radice fibrofa. Loca amat paludofa. Floret Septembri. *Clayt. n.* 248.

TRADESCANTIA. *Linn. Hort. Cliff. p.* 107.
Ephemerum Virginianum flore azureo majori. *Tourn. Inft. R. H. p.* 367. *Clayt. n.* 297.

AMARYLLIS fpatha uniflora, corolla æquali, piftillo refracto. *Linn. Hort. Cliff. p.* 135.
Lilionarciffus Indicus pumilus monanthus albus, foliis anguftiffimis, Atamafco dictus. *Mor. Hift. Oxon. Part. II. p* 366. *T.* 24.
Lilionarciffus flore fpeciofo albo, exterius dilute rubente, foliis longis anguftis plurimis. Madidis gaudet locis, floretque ad finem Aprilis. *Clayt. n.* 256.

PON-

PONTEDERIA floribus ſpicatis. *Linn. Hort. Cliff. p.* 133.
Michelia *Houſt.*
Pontederia aquatica floribus monopetalis violacei coloris, in duo labia diſtincta tripartita diviſis, quorum ſuperius intus macula flava pingitur, thyrſo ſeu ſpica denſa in ſummo caule coactis: foliis craſſis, ſagittæ cuſpidis inſtar, glabris, pediculis fungoſis junceis longis rotundis, e radice ſtatim emergentibus, inſidentibus: pericarpio rugoſo pyriformi, ſemen unicum ejuſdem figuræ tegente. *Clayt. n.* 87.

* LILIUM ſ. Martagon floribus aureis purpureis maculis eleganter notatis ſpecioſis, ſingulis caulibus ſingulis, nonnunquam pluribus. *Clayt.*

* ALLIUM arvenſe, odore gravi, capitulis bulboſis rubentibus. *Clayt.*

UVULARIA caule perfoliato.
Polygonatum perfoliatum minus Virginianum, folio ſubrotundo brevi. *Plukn. Alm. p.* 101.
Lilium ſive Martagon puſillum, floribus paucis flavis pendulis, foliis glaucis Polygonati; caule perfoliato, radice carnoſa alba, capſula triquetra alata Coronæ Imperialis inſtar. *Clayt. n.* 158.

ORNITHOGALUM floribus umbellatis, ſpatha bivalvi.
Ornithogalum majus album, flore odorato, foliis latioribus glabris, radice ſolida rotunda alba. *Clayt. n.* 44.

* ORNITHOGALUM vernum luteum, foliis anguſtis hirſutis. *Clayt.*

CONVALLARIA foliis alternis, floribus ex alis. *Linn. Hort. Cliff. p.* 124. *n.* 2.
Polygonatum latifolium vulgare. *C. B. Pin.* 303.
Polygonatum flore luteo, foliis longis glaucis. *Clayt. n.* 335.

CONVALLARIA foliis alternis, racemo terminatrici. *Linn. Hort. Cliff. p* 125. *n.* 4.
Smilax aſpera racemoſa, Polygonati folio. *Tourn. Inſt. R. H. p* 654.
Polygonatum ſpicatum, foliis integris nervoſis albicantibus latis acuminatis, Plantaginis ſimilibus alternis: floribus parvis albis pentapetalis, in racemos ad finem caulis coactis: baccis per maturitatem rubris, duobus ſeminibus duris lucidis arcte coactis fœtis: caule ſingulari, nunquam ramoſo; radice alba, Polygonati ſimili. *Clayt. n.* 35.

HYACINTHUS caule nudo, foliis linguæformibus acuminatis dentatis.
Hyacinthus Floridanus ſpicatus, foliis tantum circa radicem brevibus, elato caule, floribus albis parvis ſtriatis, & veluti lanugine ſeu pube quadam elegantiſſime criſpatis. *Plukn. Amalth. p.* 119. *T.* 437. *f.* 2.
Hyacinthus caule alto aphyllo, floribus albis vix odoratis, quaſi urceolaribus parvis, ſpicatim in caulis faſtigio congeſtis; foliis ad exortum latis glabris, in acumen longum excurrentibus, ad margines leviter ſpinulis mollibus tenellis minimis obſitis: radice tuberoſa intus flava, amara, fibris plurimis rigidis cincta. Stargraſſ & Starroot. *Clayt. n.* 74.

JUNCUS foliis planis, panicula rara, ſpicis ſeſſilibus & pedunculatis. *Linn. Hort. Cliff p.* 137.
Juncus villoſus, capitulis Pſyllii. *Tourn. Inſt. R. H. p.* 246.
Gramen paniculatum. *Clayt. n.* 332.

JUNCUS culmo nudo acuminato ad baſin ſquamato, floribus pedunculatis. *Linn. Flor. Lapp.* §. 117.
Juncus lævis, panicula ſparſa minor. *C. B. Pin.* 12.
Juncus. *Clayt. n.* 393.

PRINOS.
Arbor trunco parvo infirmo, viminibus lentis, cortice glabro, foliis Lauri, floribus pentapetalis, albicantibus, e ramulis absque pediculis egressis, baccis & seminibus Agrifolii. *Clayt. n.* 78.
Rami *alterni*, *læves*, *nudi*. Folia *ovata*, *petiolata*, *glabra*, *acute serrata*, *serraturis in acumen subulatum desinentibus*, *superiora acuminata*, *inferiora obtusa*.
Ex singula ala prodit pedunculus *communis*, *petiolo brevior*, *umbellam hederaceam sustentans*. Flores *albi*.

TRIGYNIA.

* Lapathum foliis longis, latis, vix acuminatis, costis caulibusque rubentibus, radice intus crocea. *Clayt.*

* Lapathum aquaticum foliis longis, angustis, acutis, floribus ad genicula verticillatim congestis. *Clayt.*

* Oxalis parva repens, foliis auriculatis & acuminatis. *Clayt.*

ANTHERICUM filamentis lævibus, perianthio trifido. *Linn. Hort. Cliff. p.* 140.
Asphodelus non ramosus, foliis angustis gramineis, caule rotundo rigido leviter villoso, flore parvo albo hexapetaloide, capsulis trigonis rubentibus. Julio floret in pratis humidis. *Clayt. n.* 269.
A Phalangiis differt fructu & pistillo simplici; *ab omnibus Liliaceis*, *calyce*.

MEDEOLA foliis stellatis lanceolatis, *fructu baccato.*
Lilium sive Martagon pusillum floribus minutissimis herbaceis D. Banister. *Plukn. Alm. p.* 401. *T.* 328. *f.* 4.
Herbæ Paridi affinis Mariana planta floribus hexapetalis biformibus. *Pet Mus. n.* 421.
Medeola flore nudo viridi hexapetalo reflexo, stylo purpureo longo, e tribus longis filamentis composito. Folia ad

ad modum Coronæ barbularum in floribus radiatis caulem ſingularem per intervallum cingunt. Singulis floribus bacca nigra madida, tribus vel quatuor ſeminibus duris fœta ſuccedit. *Clayt. n.* 22.

Folia verticillatim caulem ambiunt ſeptem, ſexve, lanceolata glabra integerrima ſeſſilia. In ſummis ramis duo vel tria foliola e regione poſita prodeunt, ex quorum alis exſurgunt pedunculi aliquot filiformes ſimpliciſſimi penduli, folio breviores, uniflori. Corolla revoluta & pallida.

An hæc vires Ipecacoanhæ æmulatur? Confer Linnæi Flor. Lapp. §. 155. *γ*.

MENISPERMUM foliis cordatis indiviſis, & peltatis cordatis lobatis.

Meniſpermum folio hederaceo. *Dill. Hort. Elth. p.* 223. *T.* 178. *f.* 219.

Anonymos maritima. *Clayt. n.* 425.

SAURURUS foliis profunde cordatis ovato-lanceolatis, ſpicis ſolitariis folio longioribus. *Linn. Hort. Cliff. p.* 139. *n.* 1.

Saururus foliis alternis cordiformibus, membrana ex adverſo foliorum caulem involvente, floribus albis ſpicatim denſe ſtipatis, ſtaminibus multis longis nigris, ſpicæ cacumine deorſum nutante: ſingulis floſculis quatuor aut tria ſemina denſe congeſta, albo tegmento tecta, ſuccedunt. Calycem habet membranaceum monophyllum, vix conſpicuum. Locis madidis & aquoſis luxuriat. *Clayt. n.* 107.

Claſ-

Classis VIII.

OCTANDRIA.

MONOGYNIA.

ACER folio palmato-angulato, flore fere apetalo sessili, fructu pedunculato corymboso.
Acer. Virginianum folio majore, subtus argenteo, supra viridi, splendente. *Plukn. Alm. p. 7. T. 2. f. 2. Catesb. Hist. Carol. Vol. I. T. 62.*
Acer floribus rubris, folio majori, superne viridi, subtus argenteo splendente. *Clayt.*

Aceris Generi adscribi consuevit Arbor, cui inter Piluliferas locum dedisti, &c.
Platano affinis Aceris folio arbor, gummi odoratum fundens, pilulis sphæricis echinatis, pediculo longo insidentibus, seminibus nigricantibus lucidis alatis repletis. Sweet-gum. White-gum.
Cujus Synonyma studiose collegit Linnæus in Hort. Cliff. p. 486.
Fructificationis partes si descripseris, rem gratam præstiteris. Confer Boerh. Ind. Alt. Part. II. p. 234.

MONOTROPA flore nutante.
Orobanche Virginiana flore tetrapetalo cernuo Banisteri. *Plukn. Alm. p. 273. T. 209. f. 2.* Broom-rape. *Catesb. Hist. Carol. Vol. I. T. 36.*
Orobanche dodrantalis, flore pallido, caule squamis nigris vestito. *Clayt. 245.*

RHEXIA calycibus glabris.
Anonymos flore rubente tetrapetalo, staminum apicibus flavis, foliis venosis acuminatis, leviter hirsutis, ex adverso binis, sapore acidis, vasculo unicapsulari tubulato, ad basin ventricoso, ore contracto. Soopwood. *Clayt. n. 227.*

Ex seminibus beneficio Tuo ad me missis distinctissime observare licuit Vasculum, quod describis uniloculare, *esse quadriloculare, quadrivalve. Hinc data occasione curiosius in hoc inquiras, ne falsum condatur Genus.*
Caulis *tetragonus lævis, angulis pilis rigidis aspersis.* Folia *opposita ovato-oblonga trinervia, pilis rigidis sparsis hispida, serraturis in pilos rigidiusculos desinentibus. Ex summis alis prodeunt rami vel pedunculi solitarii, ut & ex apice caulis, instructi foliolis quibusdam minutissimis oppositis, ex quorum alis pedunculus prolifer exit, quem terminat flos, ut plurimum solitarius.*
Lysimachia non papposa Mariana leptoneuros, flore tetrapetalo rubello, folio & caule hirsutie ferruginea hispidis Plukn. Mant. p. 123. *T.* 428. *hujus generis est.*

Alia hujus Species flore rubro parvo speciosо, non cito caduco, foliis minoribus pluribus, leviter hirsutis. *Clayt.*

OENOTHERA florum calyce monophyllo, hinc tantum aperto.
Lysimachia lutea caule rubente, foliis Salicis alternis nigro-maculatis, flore speciosо amplo, vasculo seminali eleganter striato insidente. *Clayt. n* 36. *&* 333.
Folia nequaquam sunt dentata, alioquin optime conveniret cum Onagra angustifolia, flore minore, caule rubro Tourn.

OENOTHERA foliis lineari-lanceolatis undulatis. *Linn. Virid. p.* 33.
Oenothera foliis lineari-lanceolatis dentatis, floribus e medio caule. *Ejusd. Hort. Cliff. p.* 144.
Onagra floribus speciosis luteis, frutescens, foliis alternis Persicariæ crenatis acuminatis, leviter hirsutis, vasculo longo. *Clayt. n.* 200.

VACCINIUM ramis filiformibus repentibus, foliis ovatis perennantibus. *Linn. Fl. Lapp.* §. 145.
Oxycoccus s. Vaccinia palustris. *Journ. Inst. R. H. p.* 655.

VACCINIUM foliis lanceolato-ovatis integerrimis deciduis.
Vaccinia Mariana Euonymi folio splendente. *Pet. Mus. n.* 492.
Vitis Idæa Euonymi folio splendente, fructu nigricante. Busy-Whortle-berry. *Clayt. n.* 61.

VACCINIUM staminibus corollà longioribus.
Vitis Idæa Americana longiori mucronato folio & crenato, floribus urceolatis racemosis. *Plukn. Alm. p.* 391. *T.* 339. *f.* 5.
Vaccinia Mariana flore purpurascente staminoso. *Pet. Mus. n.* 493.
Vitis Idæa humilis, longiori & mucronato folio, floribus urceolatis racemosis, fructu rubro majore. Goose-Berrys. *Clayt. n.* 42.

* Vitis Idæa humilior, foliis Arbuti, fructu minore, seminibus plurimis minimis repleto. *Clayt.*

DIOSPYROS foliis utrinque concoloribus. *Linn. Hort. Cliff. p.* 149. *n.* 2.
Putchimon/ Pitchumon or Persimon. *Clayt. n.* 80.

TRIGYNIA.

PERSICARIA florum staminibus quinis, stylo duplici, corolla quadrifida inæquali. *Linn. Hort. Cliff. p.* 42. *n.* 3.
Persicaria frutescens maculosa, Virginiana, flore albo. *Park. Th.* 857.
Persicariæ affinis sylvestris, calycibus albis quinquefidis, longa serie summo caule spicatim dispositis, foliis mollibus acuminatis, semine lucido duro, nonnihil compresso, & ad apicem villoso. *Clayt. n.* 183.

* PERSICARIA mitis maculosa, floribus candidis. *Clayt.*

* PERSICARIA maculosa, floribus rubentibus. *Clayt.*

* PERSICARIA non maculosa, floribus albis. *Clayt.*

* Eadem flore carneo. *Clayt.*

POLYGONUM. *Cæsalp. Syst.* 168.
Polygonum latifolium. *C. B. Pin.* 281.
Polygonum repens, calyce dilute rubente, foliis glaucis. *Clayt. n.* 382.

HELXINE foliis sagittatis, caule aculeato.
Helxine caule erecto aculeis reflexis exasperato. *Linn. Hort. Cliff. p.* 151. *n.* 2.
Fagopyrum Marianum, folio sagittato, caulibus & pediculis spiniferis. *Pet. Mus. n.* 401. *De Laet Hist. Amer. Lib.* 3. *C.* 10. *p.* 79. *Ic.*

HELXINE foliis hastatis, caule aculeato.
Fagotritico similis spinosa scandens, Ari folio latiore Floridana. *Plukn. Amalth. p.* 87. *T.* 398. *f.* 3.
Fagotritico similis aquatica late scandens, foliis auriculatis hirsutis, in mucronem desinentibus, floribus, seu potius calycibus albis, caule spinis rigidis curtis obsito. *Clayt. n.* 189.

* Fagopyrum scandens, caule rubente, semine nigro. *Clayt.*

TETRAGYNIA.

PARIS foliis ternis, flore sessili erecto.
Solanum triphyllum, flore tripetalo atro-purpureo, in foliorum sinu absque pediculo sessili. *Banist. Cat. Stirp. Virg.*
Solanum triphyllum, flore hexapetalo, tribus petalis purpureis erectis, cæteris viridibus reflexis. *Plukn. Catesb. Hist. Carol. Vol. I. T.* 50.
Anonymos caule simplici nudo, ad fastigium tribus folium-

summodò foliis vestito, e quorum medio flos purpureus irregularis exoritur, radice striata tuberosa. *Clayt.*

Ab hac Specie flore pedunculato nutante *differt Solanum triphyllum flore hexapetalo carneo. Catesb. Hist. Carol. Vol. I. T.* 45.

SAGINA ramis procumbentibus. *Linn. Fl. Lapp.* §. 157. Alsine pusilla flore albo, angustissimis foliis glabris muricatis, caulibus tenuibus humi stratis. *Clayt. n.* 344.

Classis IX.

ENNEANDRIA.

MONOGYNIA.

LAURUS foliis integris & trilobis. *Linn. Hort. Cliff. p.* 154. *n.* 1.
Cornus mas odorata, folio trifido, margine plano, Sassafras dicta. *Plukn. Alm. p.* 120. *T.* 222. *f.* 6. *Clayt. n.* 56.
Cornus mas f. Sassafras, Laurinis foliis indivisis, ex Provincia Floridana. *Plukn. Amalth. p.* 66.
Sassafras forte Lauri foliis. *Pison.* 146.

LAURUS foliis enervibus obverse ovatis utrinque acutis integris annuis. *Linn. Hort. Cliff. p.* 154. *n.* 2.
Benzoin officinarum. *C. B. Pin.* 503. *Clayt. n.* 54.

LAURUS foliis lanceolatis, nervis transversalibus, fructus calycibus baccatis. *Linn. Hort. Cliff. p.* 154. *n.* 3.
Laurus Caroliniensis, foliis acuminatis, baccis cœruleis, pediculis longis rubris insidentibus. *Catesb. Hist. Carol. Vol. I. T.* 63.
Laurus foliis acuminatis, flore albicante, baccis cœruleis, pediculis rubris insidentibus. *Clayt.*

Classis X.

DECANDRIA.

MONOGYNIA.

CERCIS foliis cordatis pubescentibus. *Linn. Hort. Cliff. p.* 156. *n.* 2.
Arbor Judæ floribus papilionaceis rubentibus, foliis cordiformibus, siliquis brevibus, utrinque acuminatis, compressis. *Clayt.*

CASSIA foliolis plurimorum parium linearibus, stipulis subulatis. *Linn. Hort. Cliff. p.* 158. *n.* 1.
Chamæcrista Pavonis Americana, siliqua multiplici. *Breyn. Cent p.* 66. *T.* 24.
Poincianæ Species humilior, flore magno pentapetalo, flavo, pendulo, ad caulem sessili, foliis minoribus pulchris, eleganter pinnatis. *Clayt. n.* 156.

CASSIA foliolis septemparium lanceolatis, extimis fere minoribus, glandula supra basin petiolorum. *Linn. Hort. Cliff. p.* 159. *n.* 8.
Senna Ligustri folio. *Dill. Hort. Elth. p.* 350. *T.* 260. *f.* 338.
Poincianæ Species herbacea, floribus pentapetalis flavis, in summo caule spicatis, foliis pinnatis fœtidis, nullo in extrema costa impari, siliquis latis per maturitatem nigris, quasi articulatis, semine intus nigricante viridi notato, radice perenni. *Clayt. n.* 146.

CLETHRA.
Alnifolia Americana serrata, floribus pentapetalis albis, in spicam dispositis. *Plukn. Alm. p.* 18. *T.* 115. *f.* 1. *Catesb. Hist. Carol. Vol. I. p.* 66. *T.* 66.
Frutex foliis ac facie Alni, floribus albis pentapetalis odoratis, spicatim ad ramulorum finem dispositis, capsula sicca pentagona, seminibus minutissimis tenuibus repleta. *Clayt. n.* 114.

Arbor est sat procera, ramis teretibus alternis. Folia lanceolata, acuminata, petiolata, subtus venosa, superiora verò magis dilatata & acute serrata, inferiora obverse-ovata obtusa, serrata tamen. Ramos terminant Spicæ laxæ vix spithamææ, floribus subsessilibus stipula subulata exceptis, & calyce incano munitis.

In Charactere num. 354. *corrige & adde*

PERIC. *Capsula subrotunda, calyce obvoluta, trilocularis, trivalvis.*

SEM. *plurima angulata.*

Patet hinc, quod a Pyrola longe recedat. vid. Hort. Cliff. p. 162.

PYROLA petiolis apice bifloris vel trifloris.

Pyrola Mariana Arbuti foliis angustioribus, trifoliata, ad medium nervum linea alba utrinque per longitudinem discurrente. *Plukn. Mant. p.* 157. *Tab.* 349. *f.* 4.

Pyrolæ Species flore albo odorato, foliis oblongis muricatis aculeatis, albo Cyclaminis vel Asari instar notatis, pediculis rubris insidentibus, capsula Cisti in septem vel octo loculamenta divisa, ad apicem diu glutinosa. Aspectu suffrutex esse videtur. *Clayt. n.* 88.

Trifoliata non est, sed folia habet plurima ad summum caulem congesta.

ANDROMEDA arborea foliis oblongo-ovatis integerrimis, floribus paniculatis nutantibus, racemis simplicissimis.

Frutex foliis oblongis acuminatis, floribus spicatis uno versu dispositis. Sorrel-tree. *Catesb. Hist. Carol. Vol. I. T.* 71.

Arbor floribus parvis albis, quasi urceolatis nudis, spicatim uno versu dispositis, foliis oblongo-acuminatis acidis, capsula parva conica quinquepartita. *Clayt.*

Fructus ovatus calyci minimo insidens pentagonus, apice truncatus, & fere pervius, quinquevalvis, quinquelocularis. Semina acerosa.

ANDROMEDA foliis ovatis acutis crenulatis planis alternis, floribus racemosis. *Linn. Hort. Cliff. p.* 162. *n.* 1.

Vitis Idæa Americana, longiori mucronato & crenato folio, floribus urceolatis racemosis. *Plukn. Alm. n.* 391.

Cis-

Ciſtus Ledon ſ. Andromeda floribus parvis albis tubuloſis pendulis, in ſpica tenui uno verſu diſpoſitis, cortice glabro lucido. *Clayt. n.* 73.

ANDROMEDA foliis ovatis, pedunculis faſciculatis, capſulis pentagonis apice dehiſcentibus.
Arbuſcula Mariana brevioribus Euonymi foliis pallide virentibus, floribus Arbuteis ex eodem nodo plurimis, ſpicatim uno verſu prorumpentibus. *Plukn. Mant. p.* 25.
Vitis Idæa Mariana bullatis floribus amplis, uno verſu in ſpicam dependentibus. *Ejuſd. Ibid. p.* 188. *Tab.* 448. *f.* 6.
Ciſtus Ledon ſ. Andromeda humilior, floribus majoribus albis urceolatis pendulis, foliis amplis coriaceis ſplendentibus, capſula pentagona longiori & magis acuminata. *Clayt. n.* 30.

ARBUTUS foliis ovatis integris, petiolis laxis longitudine foliorum.
Pyrola repens foliis ſcabris, flore pentapetaloide fiſtuloſo D. Baniſter. *Raj. Hiſt. Plant. Tom. III. p.* 596. *n.* 1.
Pyrolæ affinis Virginiana repens fruticoſa, foliis rigidis, ſcabritie exaſperatis, flore pentapetaloide fiſtuloſo. *Plukn. Alm. p.* 309. *T.* 107. *f.* 1.
Pyrolæ affinis repens fruticoſa, primo vere florens, flore carneo tubulato, ad oram in quatuor vel quinque ſegmenta expanſo, foliis latis oblongis ſcabris rigidis ſempervirentibus, plerumque fuſcis. Planta eſt humillima, nunquam a terra aſſurgens. *Clayt. n.* 250.

DIGYNIA.

SAXIFRAGA foliis radicalibus lanceolatis denticulatis, caule ſubnudo piloſo ramoſo, floribus confertis capitatis.
Saxifraga Penſilvanica, floribus muſcoſis racemoſis. *Dill. Hort. Elth. p.* 337. *T.* 253. *f.* 328.
Saxifraga alba, foliis caulibuſque hirſutis. *Clayt. n.* 304.

HYDRANGEA.
Anonymos floribus albis parvis, in umbella lata magna dispositis, odoratis: foliis amplis acuminatis serratis, pediculis insidentibus, ex adverso binis, caule fruticoso præalto non ramoso, vasculo parvo bicapsulari seminibus minutissimis repleto, duobus parvis filamentis seu corniculis recurvis coronato. *Clayt. n. 79.*
Frutex est ramis quadrangularibus, foliis cordatis acuminatis serratis petiolatis, glabris, venis alternis gaudentibus, superioribus ovatis. Ramos terminat corymbus compositus ex pedunculis oppositis, internodio foliorum longioribus, frequentissimis, iterum ac iterum brachiatis, ut corymbus evadat densissimus Tini instar.

TRIGYNIA.

SILENE foliis quaternis.
Lychnis Caryophylleus Virginianus, Gentianæ foliis glabris, quatuor ex singulis geniculis caulem amplexantibus, flore amplo fimbriato. *Raj. Hist. Plant. Tom. II. p.* 1895.
Lychnis plumaria alba, foliis ad genicula quatuor cruciatim positis, thecis florum tumentibus D. Banister. *Ejusd. Hist. Plant. Tom. III. p.* 489. *n.* 72. *Plukn. Alm. p.* 233. *T.* 43. *f.* 4.
Lychnis floribus in summis caulibus albis pendulis, petalis pulchre fimbriatis, calycibus tumescentibus, foliis longis acuminatis, caulium genicula cruciatim ambientibus, vasculo sphærico instar baccæ. Datur hujus Varietas foliis ad nodos binis. *Clayt. n.* 245.

SILENE floribus fasciculatis, calycibus tomentosis.
Lychnis floribus albis, foliis oblongis angustis hirsutis. *Clayt. n.* 300. *pl.* 3.

SILENE corymbo dichotomo, floribus pedunculatis, ramis alternis erectis, foliolis lanceolatis integerrimis,

Vis-

Viscago Americana noctiflora, Antirrhini folio, *Dill. Hort. Elth. p.* 422. *T.* 313. *f.* 403.
Lychnis noctiflora, flore extus atro-rubente, intus carneo, foliis caryophyllæis, caule viscoso. *Clayt. n.* 388.

* Alsine vulgaris, flore albo. *Clayt.*

* Alsine hirsuta, flore parvo albo. *Clayt.*

* Alsine maritima flore carneo, foliis Crithmi succulentis, ad nodos cruciatim positis, quorum duo semper reliquis longiora. *Clayt.*

PENTAGYNIA.

CERASTIUM floribus pentandris, petalis emarginatis. *Linn. Hort. Cliff. p.* 173. *n.* 2.
Cerastium hirsutum minus, flore parvo. *Dill. Cat. Giss.* 80.
Myosotis flore albo, foliis caulibusque hirsutis. *Clayt. n.* 342.

* Oxys flore luteo. *Clayt.*

* Oxys flore purpureo, sapore acido insignis. *Clayt.*

PENTHORUM.
Damasonio Lugdunensium sive Plantagini aquaticæ stellatæ affinis, foliis Persicariæ nonnihil similibus, caule ligneo, floribus in spicam curvatam congestis: fructu è quinque thecis echinatis, stellatim quasi dispositis, composito. In umbrosis madidisque occurrit. *Clayt. n.* 158.
Caulis teres, herbaceus, pedalis, glaber. Folia lanceolata in petiolos desinentia, acute serrata, alterna, pollicis longitudine, utrinque glabra. Summum caulem excipiunt racemi patentes tres, quatuor, quinque, recurvi simplices, ferentes ad latera flores plurimos sessiles alternos, sursum spectantes; ex foliorum alis egrediuntur rami solitarii. Semina parum compressa. Facies plantæ ad Mercurialem accedit. Folia Persicam referunt. Fructus figura quinque turrium. Night-shade *Noveboracensibus.*

Classis XI.

DODECANDRIA.

MONOGYNIA.

ASARUM foliis subcordatis petiolatis. *Linn. Hort. Cliff. p.* 178.
Asarum Canadense. *Corn. C.* 11.
Asarum aquaticum, foliis rotundis serratis non maculatis, calyce magno hirsuto. *Clayt. n.* 288.

* ASARUM calyce purpureo amplo, è terra paululum remoto, foliis glabris cordiformibus, albis maculis notatis. *Clayt.*

LYTHRUM foliis petiolatis.
Anonymos flore purpureo ringenti, galea bipartita, labio quadripartito, seminibus vasculo inclusis, caule viscoso. Caulem habet tenerum & citissime marcescentem, mane solummodò conspicuum. *Clayt. n.* 418.
Folia *lanceolata*, *opposita*, *integerrima.* Caulis *pubescens viscosus.* Flos *ex singula ala solitarius.* Calyx *tubulosus*, *oblongus*, *ventricosus*, *ore obsoleto minimo sexfido.* Petala *sex*, *tenuia*, *oblonga.* Stamina *duodecim*, *sex ad singulum latus.* Pistillum *unicum.* Stigma *capitatum.*

LYTHRUM foliis oppositis, *floribus verticillatis.*
Lysimachia purpurea Marilandica, Salicis foliis nullo ordine positis, floribus & fructu in foliorum alis. *Raj. Hist. Plant. Tom. III. p.* 504. *n.* 9.
Salicaria aquatica flore purpureo, ad genicula quasi verticillatim posito, foliis Salicis, caule fruticoso. *Clayt. n.* 214.

* Salicaria flore luteo majori, foliis pluribus latioribus hirsutis, vasculo quatuor foliolis, floris instar expansis, instructo, in summis caulibus florens. *Clayt.*

* Salicaria parva aquatica repens, caule ſucculento glabro rubente, floribus ex alis foliorum egreſſis, dilute luteis, tetrapetalis, fugaciſſimis, vix conſpicuis, foliis rubentibus venoſis glabris lucidis, ad finem rotundis, ex adverſo binis, vaſculo folioſo in quatuor loculamenta diviſo. *Clayt.*

*Alia Ejuſdem Species aquatica erecta, caule rubente, foliis ad genicula binis, longis, anguſtis, Hyſſopi inſtar, flore tetrapetalo albo parvo, cito marceſcente, ad nodos poſito. Pericarpium habet calyce folioſo reconditum, & in tria loculamenta diviſum. *Clayt.*

DIGYNIA.

AGRIMONIA foliis omnibus pinnatis, fructu hiſpido. *Linn. Hort. Cliff. p.* 179.
Agrimonia officinarum. *Tourn. Inſt. R. H. p.* 301.

Classis XII.

ICOSANDRIA.

MONOGYNIA.

CACTUS compressus articulatus ramosissimus, articulis ovatis, fructu majore. *Linn. Hort. Cliff. p.* 183. *n.* 15.
Ficus Indica, folio spinoso, fructu majore. *C. B. Pin.* 458.
Opuntia flore magno specioso luteo, caulibus spinosis, fructu purpureo. Prickly-Pear. *Clayt. n.* 99.

* PRUNUS sylvestris humilior, fructu rubro præcociori & minori, radice reptatrice. *Clayt.*

* PRUNUS sylvestris, fructu majore rubente. *Clayt.*

* CERASUS sylvestris, fructu nigricante in racemis longis pendulis Phytolaccæ instar congestis. *Clayt.*

DIGYNIA.

CRATÆGUS foliis ovatis repando-angulatis serratis. *Linn. Hort. Cliff. p.* 187. *n.* 3.
Mespilus spinosa s. Oxyacantha Virginiana maxima. *Herman. Hort. Lugd. Bat.*
Mespilus foliis Apii, fructu rubro parvo, spinis longis acutis. Cockspur-Hawthorn. *Clayt. n.* 43.

PENTAGYNIA.

MESPILUS inermis, foliis subtus glabris obverse ovatis.
Frutex Mespilo affinis humilis, non ramosus nec aculeatus, foliis alternis subrotundis, eleganter serratis, & ad apicem rotundis, flore & fructu Mespilo sylvestri sive Spinæ Albæ similis. *Clayt. n.* 60. *&* 295.
Foliis subtus glabris obverse ovatis differt a Sorbo Virginiana foliis Arbuti. Herman. Hort. Lugd. Bat.

MESPI-

MESPILUS inermis, foliis ovato-oblongis ſerratis, ſubtus tomentoſis.
Meſpilus Mariana mucronatis Pruni foliis læte virentibus, pomis longo pediculo innixis. *Plukn. Mant. p.* 130.
Meſpilus foliis oblongis mucronatis læte virentibus, ſubtus incanis, pomis parvis rubentibus dulcibus, racematim congeſtis. Currants. *Clayt. n.* 55.

* Frutex viminibus lentis infirmis, flore albo priori ſimillimo, foliis profunde ſerratis ſubtus albeſcentibus, fructu prioris, ſed non eduli. *Clayt.*

* Meſpilus Pruni foliis, ſpinis longiſſimis fortibus, fructu rubro magno. *Clayt.*

* Malus ſylveſtris, floribus odoratis. *Clayt.*

SPIRÆA foliis inciſis angulatis, floribus corymboſis. *Linn. Hort. Cliff. p.* 190. *n.* 1.
Spiræa Opuli folio. *Tourn. Inſt. R. H. p.* 618.
Spiræa floribus albis, foliis Opuli. *Clayt. n.* 302.

FILIPENDULA foliis ternatis. *Linn. Hort. Cliff. p.* 191. *n.* 1.
Ulmaria major trifolia, flore amplo pentapetalo D. Baniſter. *Plukn. Alm. p.* 392. *T.* 236. *f.* 5.
Ulmaria Ipecacuanha hîc dicta, floribus albicantibus rubro variegatis pentapetalis, in paniculam tenuem ſummitate caulium congeſtis, foliis oblongis acuminatis rugoſis ſerratis alternis, in uno pediculo ternis, caule ramoſo glabro atro-rubente. Ipecacuanha/or Indian Physick. *Clayt. n.* 290.

POLYGYNIA.

* ROSA canina ſylveſtris inodora, Cynosbatos. *Clayt.*

* ROSA ſylveſtris, foliis odoratis. Sweet Bryar. *Clayt.*

* RUBUS Idæus, fructu nigro. *Clayt.*

*RUBUS Idæus magis erectus, spinis mitioribus, fructu nigro, ex acinis minoribus composito. *Clayt.*

*RUBUS Idæus caulibus procumbentibus, fructu nigro e tribus quatuorve acinis amplis composito. *Clayt.*

*FRAGARIA vulgaris. *Clayt.*

*Pentaphyllum vulgare. *Clayt.*

GEUM floribus erectis, fructu globoso, seminum cauda uncinata nuda. *Linn. Hort. Cliff. p.* 195. *n.* 1. *Var.* β. Caryophyllata Virginiana albo flore minore, radice inodora. *Herman. Hort. Lugd. Bat. Clayt. n.* 199.

Clas-

Classis XIII.

POLYANDRIA.

MONOGYNIA.

*NYMPHÆA alba, flore pleno odorato. *Clayt.*

CHELIDONIUM pedunculis unifloris. *Linn. Hort. Cliff. p.* 201. *n.* 1.
Glaucium flore luteo. *Tourn. Inst. R. H. p.* 254.
Glaucium maritimum, flavo flore, foliis longis hirsutis crassis mollibus, ad costam usque varie incisis, siliqua longa magna fungosa bivalvi, duas seminum series continente. *Clayt. n.* 276.

SANGUINARIA. *Linn. Hort. Cliff. p.* 202.
Sanguinaria minor, flore simplici. *Dill. Hort. Elth. p.* 335. *T.* 252. *f.* 327.
Sanguinaria flore simplici specioso albo, decem vel pluribus petalis in orbem positis constante, in uno caule unico: foliis glaucis varie angulatis, vasculo unicapsulari, radice tuberosa, exterius obscure rubente, intus aurantii coloris. Omnes plantæ partes, præcipue radix, succo saturate aureo scatent, quem Indi Puccoon vocant. Primo vere floret. *Clayt. n.* 247.

PODOPHYLLUM. *Linn. Hort. Cliff. p.* 202.
Anapodophyllon Canadense Morini. *Tourn. Inst. R. H. p.* 239. *Catesb. Hist. Carol. Vol. I. T.* 24.
May apple. *Clayt. n.* 255.

ACTÆA racemis longissimis.
Christophoriana Americana procerior & longius spicata. *Dill. Hort. Elth. p.* 79. *T.* 67. *f.* 78.
Anonymos foliis Christophorianæ fœtidis, planta alta, magna, rudimentis florum spicatim dispositis. Nec flores perfectos, nec semen unquam vidi. *Clayt. n.* 305.

Black or Wild-Snake-root *Novanglicanis. De viribus confer Act. Phil. Lond. Vol. 20. n. 246. pl. 41.*

* TILIA foliis majoribus mucronatis. *Clayt.*

EUPHORBIA procumbens, ramulis alternis, foliis lanceolato-linearibus, floribus solitariis.
Tithymalus s. Peplis Marilandica, foliis oblongis obtusis, binis oppositis, pediculis donatis, ramulis alternis. *Raj. Hist. Plant. Tom. III. p. 431.*
Esula pusilla maritima, nunc erecta, nunc supina, foliis angustis albicantibus. *Clayt. n. 152.*

EUPHORBIA inermis, foliis lanceolatis obtusis alternis, ramis floriferis dichotomis, petalis maximis subrotundis.
Tithymalus flore albo, staminibus aureis, caule rubente in plurimos ramulos regulariter dispositos ad cacumen divaricato, foliis oblongis glaucis. *Clayt. n. 155.*
Notabilis est hæc Species petalis, quæ adeo distincta sunt a calyce, ac unquam corolla Lini a suo perianthio; eaque sunt alba, tenuissima, decidua, omnium fructificationis partium maxima. Hinc forsan peltæ gibbæ carnosæ & obtusæ in multis Euphorbiæ speciebus obviæ, a veris petalis nihil differunt.
In Phytophylacio Collinsoniano datur altera Species foliis oppositis, caule nudo.

EUPHORBIA inermis foliis ovalibus oppositis serratis uniformibus, ramis alternis, caule erecto. *Linn. Hort. Cliff. p. 198. n. 15.*
Esula flore albo, foliis atro-purpureo notatis, fructu tricocco. *Clayt. n. 450.*

* Tithymalus flore flavo, foliis plurimis Salicis, caule in summitate ramoso. *Clayt.*

* Tithymalus flore exiguo viridi, apicibus flavis, antequam folia emittit, florens: foliis glabris acuminatis, ad cordis formam accedentibus, nervosis, rigidis, radicibus albis reptatricibus. Nonnullis Ipecacuanha. *Clayt.*

* Acacia triacanthos, ſiliquis latis fuſcis, pulpa vireſcente ſubdulci. Honey-locuſt. *Clayt.*

PORTULACA foliis cuneiformibus verticillatis ſeſſilibus. *Linn. Hort. Cliff. p.* 207.
Portulaca anguſtifolia, ſive ſylveſtris. *C. B. Pin.* 288.
Portulaca anguſtifolia, floribus luteis. *Clayt. n.* 410.

TRIGYNIA.

RESEDA foliis lanceolatis, caule ſimpliciſſimo.
Anonymos floribus albis, ſpicatim denſe ſtipatis, caule ſingulari, foliis Plantagineis humi ſtratis, vaſculo tricapſulari, radice magna tuberoſa contorta. vulgo Rattle-Snake-root. In pratis Majo floret. *Clayt. n.* 299.
Differt a Luteola vulgari, quod caules ramis careant, ſpicaque ſit denſior, ſæpiusque ſpithamæa alba, & quod flores conſtent ſex petalis, coëuntibus ad baſin in unum corpus. Piſtilli & calycis ſignum reperire non licuit.

PENTAGYNIA.

AQUILEGIA corolla ſimplici, nectariis fere rectis. *Linn. Hort. Cliff. p.* 215.
Aquilegia pumila præcox Canadenſis. *Corn. C.* 25.
Aquilegia floribus rubentibus, foliis dilute viridibus. *Clayt. n.* 338.

MELANTHIUM foliis linearibus integerrimis longiſſimis, floribus paniculatis.
Nigella flore obſolete flavo, ſemine alato, foliis gramineis. *Clayt. n.* 422.
Planta eſt pedalis, bipedalis, aut altior, caule tereti culmi inſtar. Folia graminea, hordei vel tritici, longa, tenuia, debilia, integerrima, fibris longitudinalibus inſignita. Summo cauli inſidet Panicula flores ferens innumeros, ſed omnes fœmininos. Hinc datur procul dubio Planta flores ferens maſculos;

Singulo flori sunt petala quinque, ovato-lanceolata, ungui tenui lineari (petalo dimidio longiori) affixa. Ad basim petali latere interiore conspicitur macula cordata, & ubi unguis petali intrat ipsum petalum ad maculam cordatam, exsurgit Filamentum erectum setaceum, vix longitudine petali, colore fuscum. Germen est trigonum. Styli tres, distincti, incurvi. Stigmata obtusa. Capsula trilocularis, triangularis, ovata, angulis compressis. Semina oblonga, membranacea, & compressa. Calyx nullus. Corolla persistit ad maturitatem fructus. Hinc differt a Nigella, uti Ranunculus ab Helleboro. Facies quidem Nigellæ est, quoad ipsam Corollam, sed Nectariorum absentia, sexus diversitas, & folia linearia diversum exposcere videntur genus, quod Melanthii *nomine inscribo, antiquo Nigellæ synonymo, cum flos in medio ob maculas cordatas nigricans appareat.*

Virginian Ivy. *Clayt. n.* 25.

CAL. *Perianthium pentaphyllum, germini insidens, coloratum, foliis lineari-lanceolatis, petalis angustioribus, vix brevioribus, deciduum.*

COR. *Petala quinque, lanceolata, æqualia, patentia.*

STAM. *Filamenta numerosa, viginti vel plura, corollâ breviora. Antheræ subrotundæ, erectæ.*

PIST. *Germen turbinatum, sub receptaculo floris. Styli quinque, coaliti, brevissimi. Stigmata obtusa.*

PER. . .

SEM. . .

Folia opposita, petiolata, ovata, glabra, superne serrata. Ramos excipit corymbus ex pluribus minoribus corymbulis oppositis compositus. Flores albi. Caulis scandit, radicesque exserit Hederæ instar, quibus arboribus adhæret.

POLYGYNIA.

LIRIODENDRUM. *Linn. Hort. Cliff. p.* 223.
Tulipifera arbor Virginiana. *Herman. Hort. Lugd. Bat.*
Poplar vulgo. *Clayt. n.* 16.

MA-

MAGNOLIA foliis ovato-lanceolatis. *Linn. Hort. Cliff.* *p.* 222.
Magnolia Lauri folio, ſubtus albicante. *Dill. Hort. Elth.* *p.* 207. *T.* 168. *Cateſb. Hiſt. Carol. Vol. I. p.* 39. Swamp-Laurel. *Clayt. n.* 34.

MAGNOLIA flore maximo albo fœtido, foliis deciduis amplis, florem ad ramulorum ſeriem ſphærice cingentibus, fructu majori. Umbrella-tree. *Clayt. n.* 24.
Magnolia altiſſima Lauroceraſi folio, flore ingenti candido. *Cateſb.*

MAGNOLIA flore albo, folio majori acuminato, ſubtus haud albicante. *Clayt. n.* 404. Magnitudine & craſſitie ſpecies omnes ſuperat. *Id.*
? Tulipifera arbor Floridana, Lauri longe amplioribus ſplendentibus & denſioribus foliis, flore majore albo. *Cateſb.*

ANONA foliis ovali-lanceolatis glabris nitidis planis. *Linn. Hort. Cliff. p.* 222.
Annona Indica, fructu conoide viridi, ſquamis veluti aculeato. *Plukn. Alm. p.* 32. *T.* 135. *f.* 2.
Frutex floribus pentapetalis campanulatis flaveſcentifuſcis, foliis longis acuminatis alternis, ramulis lentis, fructu magno carnoſo, pulpa molli fœtida repleto (duobus vel tribus plerumque ſimul junctis) in cellulas quaſi transverſim partito, unaquaque ſemen unicum latum magnum lucidum continente. Papaw-tree. *Clayt. n.* 58.

HEPATICA. *Linn. Hort. Cliff. p.* 223.
Hepatica trifolia flore cœruleo. *Cluſ. Hiſt. p.* CCXLVII.
Hepatica trilobata verna, flore cœruleo, foliis ferrugineis. *Clayt. n.* 328.

* ANEMONE flore unico albo, foliis Ranunculi. *Clayt.*

CLEMATIS foliis pinnatis, foliolis cordatis inæqualiter inciſo-crenatis. *Linn. Hort. Cliff. p.* 225. *n.* 4.
Clematitis ſylveſtris latifolia. *C. B. Pin.* 300.
Clematitis aquatica trifoliata, late ſcandens, floribus albis odoratis. *Clayt. n.* 270.

CLEMATIS erecta humilis, non ramoſa, foliis ſubrotundis, flore unico ochroleuco. *Baniſt. Cat. Stirp. Virg. Plukn. Mant. p.* 51. *T.* 379. *f.* 5.
Clematitis ſylveſtris, flore cœruleſcente erecto, petalis ad oram reflexis, foliis amplis latis mollibus, ex adverſo ad ſingulos nodos absque pediculis binis (interdum ternis) muricatis, caule haud ramoſo. *Clayt. n.* 296.
? Clematis foliis ſimplicibus lanceolatis. *Linn. Hort: Cliff. p.* 225. *n.* 1.

CLEMATIS foliis compoſitis & decompoſitis, foliolis quibuſdam trifidis.
Flammula ſcandens, flore coriaceo clauſo. *Dill. Hort. Elth. p.* 144. *T.* 118. *f.* 444.
Clematitis flore purpureo. *Clayt. n.* 411.

THALICTRUM caule unifloro, ex eodem puncto foliis quatuor ſimplicibus inſtructo.
Anonymos flore ſingulari albo nudo hexapetalo, petiolo longo tenuiſſimo inſidenti, foliis ſemper quatuor, Aquilegiæ nonnihil ſimilibus, pediculis longis tenuibus inſidentibus. Hujus fructum nunquam vidi. *Clayt. n.* 294.

THALICTRUM caule paniculato, ſeminibus pedunculatis, ſtylis germine longioribus.
Thalictrum flore albo, foliis Aquilegiæ, caule glabro flaveſcente. *Clayt. n.* 266.
Germina, ubi Corolla deſinit, reflectuntur ſtylis filiformibus longis inſtructa, quæ tranſeunt in ſemina obverſe-ovata triangularia, deſinentia in pedicellos, ſtylos tandem demittentia. Caulis ramoſiſſimus, & rami ſinguli paniculati absque ullis foliolis ad pedunculorum exortum.

RANUNCULUS fructu oblongo, foliis inferioribus palmatis, summis digitatis. *Linn. Hort. Cliff. p.* 230. *n.* 42.
Ranunculus Apii folio lævis. *C. B. Pin.* 108. *Clayt. n.* 405.

* RANUNCULUS vernus pratensis vulgaris, flore flavo. *Clayt.*

* Populago aquatica, floribus speciosis luteis, foliis longis serratis. *Clayt.*

HELLEBORUS caule inferne angustato multifolio multifloro, foliis caule brevioribus. *Linn. Hort. Cliff. p.* 227. *n.* 1.
Helleborus niger fœtidus. *C. B. Pin.* 185.
Helleborus niger, flore viridi ad oram dilute purpureo, foliis digitatis, pediculis alatis. *Clayt. n.* 323.

Classis XIV.

DIDYNAMIA.

GYMNOSPERMIA.

TEUCRIUM foliis simpliciter trifidis. *Linn. Hort. Cliff. p.* 301.
Chamæpitys lutea vulgaris, sive folio trifido. *C. B. Pin.* 249.
Chamæpitys vulgaris, flore flavo. *Clayt. n.* 443.

TEUCRIUM foliis lanceolatis serratis petiolatis, floribus solitariis.
Scorodonia, seu potius Scordium flore rubente, foliis longis rugosis, forma Salviæ similibus, subtus incanis, odore Allii præditis, radice reptatrice. *Clayt. n.* 135.

TEUCRIUM foliis ovatis, inæqualiter serratis, floribus racemosis, racemis terminatricibus.
Scorodonia flore rubente, foliis Urticæ profunde serratis, pediculis longis insidentibus. *Clayt. n.* 117.

TRICHOSTEMA.
Moldavica Melissa foliis oblongis mollibus, floribus violaceis, ex alis foliorum, pediculis longis insidentibus, odore grato resinoso. Hujus datur Varietas foliis semper angustioribus. *Clayt. n.* 177.

THYMUS foliis ovatis acuminatis serratis, corymbis lateralibus terminatricibusque pedunculatis.
Chamædrys verna odoratissima. *Banist.*
Calamintha Mariana mucronatis rigidioribus & crenatis foliis, flosculorum calyculis villis argenteis summo margine fimbriatis. Dittanp. h. Dictamnus vulgo. *Plukn. Mant. p.* 35. *T.* 344. *f.* 2.

Ca-

Calamintha erecta Virginiana, mucronato folio glabro, Pulegium Virginianum quibusdam, aliis Dictamnus Virginianus dicta. *Mor. Hist. Oxon. Part. III. S. XI. p.* 413. *T.* 19. *f.* 7.
Calamintha autumnalis, flore purpureo, foliis latioribus odoratis. *Clayt. n.* 197.
Calyx interne tomentosus est, ac tomento clauditur.

CLINOPODIUM foliis linearibus acuminatis, capitulis terminatricibus. *Linn. Hort. Cliff. p.* 305. *n.* 3.
Satureja Virginiana. *Herman. Par. Bat. p.* 218.
Clinopodium foliis parvis angustis, vix odoratis, floribus albicantibus, in umbellis sphæricis ad caulis finem collectis, caule infirmo. *Clayt. n.* 141.

CLINOPODIUM foliis lanceolatis, capitulis terminatricibus. *Linn. Hort. Cliff. p.* 305. *n.* 2.
Clinopodium Amaraci folio, floribus albis, Virginianum. *Plukn. Alm. p.* 110. *T.* 85. *f.* 2.

* CLINOPODIUM foliis Rorismarini multis, floribus albis purpureo-maculatis, in umbellis latioribus ad caulis finem dense coactis. *Clayt.*

ORIGANUM foliis ovatis, spicis laxis erectis confertis, paniculatim digestis. *Linn. Hort. Cliff. p.* 305. *n.* 5.
Origanum sylvestre. *C. B. Pin.* 223.
Origanum rotundifolium, floribus purpurascentibus, caule supino. *Clayt. n.* 310.

MELISSA floribus ex alis superioribus, pedunculo dichotomo, caule procumbente. *Linn. Hort. Cliff. p.* 308.
Calamintha Pulegii odore, seu Nepeta. *C. B. Pin.* 228.
Calamintha præalta, odore gravi, foliis leviter dentatis, flore pallide cœruleo e longo pediculo prodeunte. *Clayt. n.* 198.

NEPETA floribus interrupte spicatis pedunculatis. *Linn. Hort. Cliff. p.* 310. *n.* 1.

Cataria major vulgaris. *Tourn. Inst. R. H. p.* 202.
Nepeta folio Melissæ graveolens, floribus pallide cœruleis. *Clayt. n.* 437.

NEPETA caule acute quadragono. *Linn. Virid. Hort. Cliff. p.* 58.
Brunella bracteis lanceolatis. *Linn. Hort. Cliff. p.* 316.
Betonica maxima folio Scrophulariæ, floribus incarnatis. *Herman. Par. Bat.*
Betonica alba frutescens, floribus dilute flavis, in spicas longas densissime ad ramulorum finem stipatis. *Clayt. n.* 168.

* Pulegium erectum, odore vehementi, flore violaceo, radice nequaquam reptatrice. *Clayt.*

LAMIUM foliis floralibus sessilibus, amplexicaulibus obtusis. *Linn. Hort. Cliff. p.* 314. *n.* 1.
Lamium folio caulem ambiente, minus. *C. B. Pin.* 231.
Galeopsis sive Lamium rubrum, primo vere florens, flore rubro, Chamæcissi folio fœtido. *Clayt. n.* 331.

STACHYS foliis lanceolatis sessilibus, basi attenuatis. *Linn. Hort. Cliff. p.* 310. *n.* 7.
Sideritis vulgaris, hirsuta, erecta. *C. B. Pin.* 233.
Galeopsis floris galea rubente, labello pallido purpureis lineis intus notato, foliis oblongis serratis acuminatis, spinulis obsitis, inferioribus pediculis insidentibus. *Clayt. n.* 271.

* MARRUBIUM foliis rugosis tomentosis, flore albicante. *Clayt.*

LEONURUS foliis caulinis lanceolatis trilobis. *Linn. Hort. Cliff. p.* 313. *n.* 4.
Marrubium Cardiaca dictum. *C. B. Pin.* 230.
Cardiaca floribus carneis, verticillis quasi lanatis. *Clayt. n.* 26.

BRUNELLA bracteis cordatis. *Linn. Hort. Cliff. p.* 316. *n.* 1.
Brunella major, folio non diſſecto. *C. B. Pin.* 260.

BRUNELLA ſylveſtris autumnalis, floribus dilute purpureis, capitulis denſe ſtipatis. *Clayt. n.* 170.
Prunella glabra, flore cœruleo, major. *Baniſt.*
Brunella major Mariana flore amplo cœruleo. *Plukn. Mant. p.* 33.

SCUTELLARIA foliis ovato-lanceolatis petiolatis, racemis folioloſis.
Scutellaria paluſtris, repens, Virginiana major, flore minore. *Mor. Hiſt. Oxon. Part. III. S. XI. p.* 416. *n.* 7.
Caſſida aquatica, flore minimo pallide cœruleo, foliis Veronicæ. *Clayt. n.* 280.

SCUTELLARIA foliis integerrimis.
Scutellaria cœrulea Virginiana glabra, Lamii aut potius Teucrii folio, minor. *Plukn. Alm. p.* 338. *T.* 313. *f.* 4.
Scutellaria Teucrii folio Marilandica. *Raj. Hiſt. Plant. Tom. III. p.* 310. *n.* 1.
Caſſida flore variegato, foliis longis anguſtis. *Clayt. n.* 105.

* Caſſida flore violaceo, Betonicæ foliis. *Clayt.*

* Caſſida flore albo, Hyſſopi folio. *Clayt.*

ANGIOSPERMIA.

ANTIRRHINUM caule ſimpliciſſimo longiſſimo, foliis caulinis linearibus, ſtolonum procumbentium lanceolatis minimis.
Linaria caule ſimplici, floribus violaceis, foliis Lini. *Clayt. n.* 256.

ANTIRRHINUM foliis alternis haſtatis. *Linn. Hort. Cliff. p.* 323. *n.* 3.
Linaria minima, hirſuto folio acuminato, in baſi auriculato, flore luteo minimo. *Mor. Hiſt. Oxon. Part. II. S. V. p.* 503.
Elatine. *Clayt. n.* 435.

PEDICULARIS foliis lanceolatis pinnatifidis ſerratis, floribus pediculatis.
Digitalis Mariana Filipendulæ folio. *Pet. Act. Phil. Lond. n.* 246. *p.* 405. *n.* 50.
Digitalis Verbeſinæ foliis e regione binis, Americana, capſularum apicibus longiſſimis filamentis donata. *Plukn. Mant. p.* 64.
Anonymos fruteſcens, floribus amplis luteis longis tubulatis, ad oram quinquefariam diviſis, Digitali ſimilibus, odore Leucoji lutei, calycibus foliaceis, foliis parvis Filipendulæ inſtar inciſis, viſcoſis, adverſis, vaſculo oblongo nigro acuminato, bicapſulari, ſeminibus parvis nigris fœto. An Digitalis lutea altera foliis tenuius diſſectis, thecis florum foliaceis Baniſteri? Digitalis Virginiana, foliis Rutæ caninæ diviſuris, floribus amplis ex luteo palleſcentibus. *Plukn. Mant. p.* 64. *Clayt. n.* 192.

* Anonymos flore ſpecioſo rubro, Prioris etiam, ut & Digitalis inſtar foliis parvis anguſtis integris, caulibus infirmis, ſæpe procumbentibus, vaſculo minore rotundo bicapſulari. *Clayt.*

PEDICULARIS caule ſimplici, floribus capitatis, foliis pinnatifidis crenulatis.
Pedicularis Virginiana Filicis folio, flore ochroleuco. *Plukn. Alm. p.* 283.
Pedicularis minor. *Dill. Cat. Giſſ. p.* 61. & *App. p.* 40.
Pedicularis verna Filicis folio, flore purpuraſcente. *Clayt. n.* 252.

BARTSIA foliis alternis. *Linn. Hort. Cliff. p.* 325. *n.* 1.

Hor-

Horminum tenui Coronopi folio Virginianum. *Mor. Hist. Oxon. Part. III. S. XI. p. 395. n. 27.*
Clandestinæ Tournefortii vel Lathreæ Linnæi affinis, flore pallido tenui membranaceo, in capitulum congesto, perianthio longo viridi, ad finem coccineo, occultato, cui subest folium tripartitum, primo viride, postea ad finem etiam coccineum. Labium superius floris longum fornicatum, inferius breve tripartitum, vix conspicuum. Capsula subrotunda, obtusa, bilocularis, bivalvis, elastice in duas partes dehiscens, semina minima lucida propellens. *Clayt. n. 293.*

Lysimachia galericulata s. Gratiola elatior non ramosa, flore majori cœruleo, intus luteo notato, galea bifida, reflexa Asarinæ instar, labio tripartito, e foliorum alis unico, pediculo brevi insidente egresso: foliis oblongis, acuminatis, serratis, adversis: calyce monophyllo, integro, tubulato, canaliculato, ad oram in quinque segmenta leviter inciso: caule glabro, succulento, quadrato, fragili. Locis madidis gaudet. *Clayt. n. 130.*
Calycis structura est singularis, eâque differt non modo a Pediculari, sed & ab omnibus plantis Corolla ringente præditis.

CAL. *Perianthium monophyllum, tubulatum, infundibuliforme, quinquedentatum, pentagonum, denticulis fere æqualibus, quorum tres superiores, persistens.*

COR. *monopetala, ringens. Tubus longitudine calycis. Labium superius semibifidum, reflexum; Labium inferius tripartitum, laciniis subrotundis.*

STAM. *Filamenta quatuor, tubo adnata, quorum duo longiora. Antheræ cordatæ, obtusæ.*

PIST. *Germen ovato-oblongum, compressum. Stylus filiformis, longitudine & situ staminum. Stigmata duo, obtusa, depressa.*

PERIC. *Capsula calyce recondita, ovato-oblonga, bilocularis.*

SEM. *plurima.*

Folia sunt lanceolato-ovata, profunde serrata, lævia, petiolata. Caulis tetragonus. Flores laterales solitarii pedunculo brevi insidentes. Euphrasia Pluknetii Tab. 393. f. 3. ad hanc referenda videtur.

Dentariæ ſive Anblato Cordi affinis, flore pallide cœruleo, galea bifida, laciniis acutis ſurſum ſpectantibus, labio trifido, in caulis faſtigio unico, calyce tumeſcente hirſuto, obſolete rubente, in quinque acutas lacinias fiſſo, caule ſingulari tenui hirſuto aphyllo. Planta eſt rariſſima, Majo florens. *Clayt. n.* 387.

Radix teres, ſquamas aliquot emittens, producit vaginam ſpathaceam (quam Pluknetius Tab. 348. *n.* 3. *plane neglexit.) Ex hac oritur ſcapus ſpithamæus, filiformis, nudus, erectus, apice florem ſuſtentans cernuum.*

CAL. *Perianthium monophyllum, ſemi quinquefidum, erectum, laciniis acuminatis, perſiſtens.*

COR. *monopetala, calyce duplo longior, incurva, tubuloſa, inferne ventricoſa, limbo erecto: Labio ſuperiore bifido, inferiore trifido, laciniis omnibus fere æqualibus.*

STAM. *Filamenta quatuor, ſetacea, corollæ adnata, eâque breviora, quorum duo ſuperiora reliquis breviora. Antheræ ſubrotundæ, ad baſim bifidæ.*

PIST. *Germen ovatum, acuminatum. Stylus filiformis, arcuatus. Stigma bipartitum, oblongum, reflexum, laciniis marginatis.*

PERIC. *Capſula ovato-oblonga, bivalvis, calyce longior, receptaculis ſeminum quaternis, longitudinaliter adnatis.*

SEM. *numeroſiſſima, minutiſſima.*

CHELONE foliis lanceolatis ſerratis oppoſitis, ſummis quaternis. *Linn. Hort. Cliff. p.* 493.
Chelone Acadienſis flore albo. *Tourn. Act. Reg. Par.* 1706.
Chelone flore albo, in ſummo caule diſpoſito, foliis longis in acumen deſinentibus, ex adverſo absque pediculis binis. In aquis & paluſtribus autumno floret. *Clayt. n.* 10.

Digitalis Mariana Perſicæ folio. *Pet. Act. Phil. Lond. n.* 406. *p.* 405. *n.* 49.
Arbor Guainumbæ aviculæ. the Humming-Bird-tree. *Joſſelin in Rar. Nov. Angl. Raj. Hiſt. Plant. Tom. III. p* 397. *n.* 8.
Digitalis Mariana ſerratis denſioribus rigidis & anguſtis foliis, ſemine Fegopyri. *Plukn. Mant. p.* 64. *T.* 348. *f.* 1.

Che-

Chelone floribus ſpecioſis pulcherrimis colore Roſæ damaſcenæ. *Clayt. n.* 274.

SCHWALBEA.

Schwalbea flore atro-rubente inferne tubulato, ſuperne in duo labia diviſo, quorum ſuperius integrum & fornicatum, inferius tripartitum: foliis mollibus hirſutis alternis, ad alam florifera: caule ſimplici non ramoſo. Majo floret. *Clayt. n.* 33.

Caulis *ſimplex*, *non ramoſus*, *erectus*, *pubeſcens*, *tetragonus.* Folia *lanceolata*, *pubeſcentia.* Flores *ex ſummis alis alterni*, *ſeſſiles*, *calyce pubeſcente ſtriato:* Corolla *atro-rubens*, *inclinata. Planta a Pluknetio depicta Tab.* 348. *fol.* 73. *pl.* 2. *huic accedit.*

DIODIA.

Anonymos aquatica procumbens & repens, foliis ad nodos binis anguſtis rigidis; caule rubente glabro ſucculento, floribus nudis albis, tubuloſis, ad oras in quatuor ſegmenta diviſis. Ex alis foliorum flos ſingulus egreditur, inſidens fructui biloculari, ſingulo loculo continente ſemen unicum durum, grani tritici æmulum, & coronatum. Aquoſa amat loca. *Clayt. n.* 277.

Deſcriptioni in Hort. Cliff. p. 493. *traditæ add.*

Caulis *tetragonus. Ex alis inferioribus rami ſolitarii alternatim prodeunt.* Corolla *parva*, *alba.* Facies *Melampyri.*

SCROPHULARIA foliis cordatis oppoſitis, racemo terminatrici. *Linn. Hort. Cliff. p.* 312. *n.* 1.

Scrophularia Marilandica, longo profunde ſerrato Urticæ folio. *Raj. Hiſt. Plant. Tom. III. p.* 396. *n.* 14.

Scrophularia floris tubo brevi, viridi, tumeſcente, galea etiam viridi reflexa, labello ferrugineo bifido; foliis latis, acuminatis, ſerratis, adverſis, pediculis longis, & inter ſe contrariis inſidentibus, odore Sambuci præditis. *Clayt. n.* 220.

Anonymos flore pallide cœruleo Digitalis inſtar in ſummis caulibus diſpoſito; foliis villoſis acuminatis atro-virentibus,

bus, ex adverso absque pediculis binis, fœtidis; caule hirsuto duro nigricante, vasculo parvo conico bicapsulari. Majo floret. Digitalis flore pallido transparenti, foliis & caule molli hirsutie imbutis. *Banist. Cat. Stirp. Virg.* *Clayt. n.* 39.

Digitalis Virginiana, Panacis Coloni foliis, flore amplo pallescente. *Plukn. Mant. p.* 64.

CAL. *Perianthium quinquepartitum, erectum, laciniis lanceolato-linearibus.*

COR. *monopetala, oblonga. Tubo patente, declinato: limbo erecto: labio superiore emarginato, inferiore trifido, interne barbato.*

STAM. *Filamenta quinque, quorum quatuor filiformia, longitudine fere corollæ, declinata, eorumque duo breviora. Antheræ incumbentes, oblongæ, in medio coarctatæ. Filamentum quintum sub labio superiore insertum versus summitatem, hinc barbatum, longitudine reliquorum, sed castratum.*

PIST. *Germen ovatum, acutum. Stylus filiformis, longitudine & situ staminum. Stigma obtusum.*

PERIC. *Capsula ovata, glabra, calyce duplo longior, acumine rigido terminata, bilocularis.*

SEM. *numerosa, minima.*

Notari meretur Stamen quintum, quo se non tantum a Digitali, Sesamo, sed & ab omnibus Didynamiæ plantis distinguit.

Quæritur, num huc referenda sit

Digitalis rubra minor, labiis florum patulis, foliis parvis angustis. *Banist. Cat. Stirp. Virg.*

Digitalis Virginiana rubra, foliis & facie Antirrhini vulgaris. *Plukn. Mant. p.* 65. *T.* 388. *f.* 1.

Huic Folia linearia, opposita. Rami oppositi. Calyces monophylli, quinquedentati, minimi. Capsulæ globosæ, calyce minores. Corolla verò Bignoniæ potius. Quantum ex speciminibus Collinsonianis observare licuit, dantur hujus plurimæ varietates, quoad magnitudinem Corollæ, ejusque colorem, ramulorum distantiam, ac positionem.

BIGNONIA foliis pinnatis, foliolis incisis, geniculis radicatis. *Linn. Hort. Cliff. p.* 317. *n.* 4.
Bignonia Fraxini foliis, flore coccineo minore. *Catesb. Hist. Carol. Vol. I. Tab.* 65.
Bignonia scandens, arborescens, flore specioso croceo, foliis Fraxini. *Clayt. n.* 225.

BIGNONIA scandens, flore atro-flavo minori subtus albicante, variis lineis notato; foliis oblongis, acuminatis, non pinnatis, quinis (an non *binis*), caule capreolis donato, siliqua longa lata compressa. *Clayt. n.* 100.
Bignonia latifolia scandens. *Plum.*

RUELLIA foliis petiolatis, fructu sessili conferto. *Linn. Hort. Cliff. p.* 318. *n.* 1.
Ruellia strepens, capitulis comosis. *Dill. Hort. Elth. p.* 300. *T.* 249. *f.* 321.
Ruelliæ Species flore amplo cœruleo inferne tubulato, superne in quinque segmenta expanso, cito marcescente, in summo caule & ad nodos florens, foliis oblongis hirsutis serratis ex adverso binis, vasculo longo rotundo, bicapsulari, semine compresso. *Clayt. n.* 85. & 98.

* Hujus Species humilior flore rubente, & Varietas flore albo. *Clayt.*

RUELLIA pedunculis solitariis unifloris, longitudine foliorum.
Lysimachia galericulata s. Gratiola pusilla aquatica, flore pallide cœruleo tubulato, ad oram in duo labia fere sibi mutuo conjuncta diviso, galea bifida, labio tripartito, e foliorum alis unico, petiolo longo tenui pendulo insidente, egresso; calyce in quinque acuta segmenta ad unguem fere fisso; foliis parvis leviter crenatis Anagallidis similibus, pediculis carentibus, ex adverso binis: vasculo oblongo, per maturitatem in duas partes ab apice ad imum sponte dehiscente, semina multa minutissima placentæ mediæ adhærentia continente: caulem habet glabrum quadratum fragilem, nonnunquam ramosum & flagella emittentem. Julio & Augusto floret. *Clayt. n.* 164.

Anonymos floribus flavis ſpecioſis Digitali æqualibus, e foliorum alis abſque pediculis ſingulis egreſſis, longis tubulatis, ad oram in quinque rotunda ſegmenta expanſis, foliis oblongis integris acuminatis adverſis, caulibus lentis ligneis, capſula Digitalis. Videtur eſſe Digitalis lutea elatior Jaceæ nigræ foliis. *Baniſt. Cat. Stirp. Virg. Clayt. n.* 9.

* Hujus datur alia Species, quæ omnibus notis convenit, exceptis foliis, quæ Quercus in modum diviſa ſunt. *Clayt. an Plukn. T.* 389. *f.* 1.

Binæ poſteriores ſpecies Ruelliæ potius, quam Digitali accenſendæ videntur.

OBULARIA. *Linn. Hort. Cliff. p.* 323.
Orobanche Virginiana radice fibroſa, ſummo caule foliis ſubrotundis. *Plukn. Alm. p.* 273. *T.* 209. *f.* 6.
Anonymos humilis Aprili florens; floribus pallide rubentibus, in ſummitate caulis inter folia congeſtis: foliis brevibus, extremitate latis, ſubtus purpureis. *Clayt. n.* 286.

Cortuſæ ſive Verbaſci Species caule non ramoſo, floribus violaceis infundibuliformibus quinquefariam ad oram diviſis, in ſummitate caulis in ſpicam tenuem diſpoſitis: foliis villoſis rugoſis oblongis acuminatis, ad margines ſerratis, ex adverſo binis: capſulæ calycibus quinquefidis occultantur, & in duo loculamenta Verbaſci inſtar dividuntur. *Clayt. n.* 142.

CAL. *Perianthium monophyllum, tubuloſum, decem angulis prædıtum, ore quinquedentato fere æquali, perſiſtens.*

COR. *monopetala ringens. Tubus cylindraceus, calyce duplo longior. Limbus patens, labio ſuperiore bipartito reflexo, laciniis linearibus: labio inferiore reflexo tripartito, laciniis ut in lab ſup.*

STAM. *Filamenta quatuor minima, in medio tubi. Antheræ incumbentes.*

PIST. *Germen ovatum. Stylus longitudine ſtaminum. Stigma obtuſum.*

PERIC. *Capsula ovata calyce tecta, eâque paulo longior, quatuor sulcis notata, lateralibus excavatis, perpendicularibus prominulis, bivalvis, dissepimento transversim posito, apice perpendiculariter bifariam dehiscens.*

SEM. *numerosa, omnium minima, angulata, adnata dissepimenti medio.*

Caulis *erectus teretiusculus, minus ramosus.* Folia *opposita oblonga, inferiora obtusiora latiora, superiora angustiora acutiora longiora & magis lanceolata, omnia scabra & superne acute serrata.* Caulis *superior pars desinit in scapum fere spithamæum, cui alternatim adnascuntur flores sessiles erecti, in summitate magis conferti, ac in spicam digesti.*

Facie refert Lysimachiam Pluknetii Tab. 428. f. 4. In Phytophylacio Collinsoniano datur specimen Floribus oppositis.

* VITEX floribus cœruleis. *Clayt.*

CAPRARIA foliis integerrimis.

Scoparia foliis tenuissimis, in plurimos & tenuissimos ramulos divisa & subdivisa, floribus & fructu in summis ramulis, præ parvitate vix discernendis. *Raj. Hist. Plant. Tom. III. p.* 132.

Anonymos, cujus flos nunquam mihi apparuit. *Clayt. n.* 610.

Classis XV.

TETRADYNAMIA.

SILICULOSA.

LEPIDIUM foliis lanceolato-linearibus serratis. *Linn. Hort. Cliff. p. 331. n. 6.*
Lepidium flore albo, foliis longis angustis Nasturtii fervidis. *Clayt.*

* Thlaspi pumilum flore albo, folio molli incano hirsuto. *Clayt.*

* Bursa pastoris vulgaris. *Clayt.*

DRABA scapo nudo, foliis hispidis.
Alysson sive Paronychia vulgaris, primo vere florens, flore albo, petalis ad apicem bifidis, caule tenui aphyllo rubente, foliis crassis succulentis villosis, siliqua longa lata compressa. *Clayt. n. 324.*

DRABA caulibus nudis, foliis incisis. *Linn. Hort. Cliff. p. 335. n. 1.*
Draba vulgaris caule nudo, Polygoni folio hirsuto. *Dill. Cat. Giss. p. 40. & Gen. p. 122.*
Alysson primo vere florens, foliis tenuioribus oblongis acuminatis leviter villosis, humi sphærice stratis, siliqua breviore & latiore. *Clayt. n. 525.*

SILIQUOSA.

CHEIRANTHUS caule filiformi lævi, foliis lanceolatis, infimis incisis.
Hesperis maritima flore albo, foliis infimis incisis, superioribus angustis integris, sapore miti. *Clayt. n. 56. & 394.*

CAR-

CARDAMINE foliis pinnatis, floribus tetrandris. *Linn. Hort. Cliff. p.* 336. *n.* 2.
Cardamine subhirsuta, minore flore. *Dill. Cat. Giss.* 76.
Cardamine pumila flore albo, sapore acri. *Clayt. n.* 370.

ARABIS foliis ovatis denticulatis glabris.
Cochlearia flore majore. *Banist. Cat. Stirp. Virg. Plukn. Mant. p.* 135.
Hesperis flore speciosо albo, foliis integris acuminatis alternis, infimis subtus purpureis, caulibus supinis, siliqua longa tenui. Tota planta Cochleariæ sapore prædita. *Clayt. n.* 45.

ERYSIMUM siliquis scapo appressis. *Linn. Hort. Cliff. p.* 337. *n.* 3.
Erysimum vulgare. *C. B. Pin.* 100.

TURRITIS foliis lanceolatis dentatis, radicalibus maximis, siliquis compressis falcatis.
Anonymos foliis in terræ superficiem stratis longis angustis, ad modum Cardui leviter incisis, nonnihil rigidis, subtus purpureis, superne mollibus viridibus concavis acuminatis: siliqua longa paululum falcata tenui compressa lucida, seminibus tenuissimis ala membranacea Leucoji instar cinctis; flore albicante parvo pendulo inodoro. *Clayt. n.* 400.

Classis XVI.

MONADELPHIA.

DECANDRIA.

GERANIUM *pedunculis bifloris, foliis multifidis, pericarpiis hirsutis.*
Geranium columbinum Carolinum, capsulis nigris hirsutis. *Dill. Hort. Elth. p. 162. T. 135.*
Geranium columbinum flore carneo, foliis dissectis. *Clayt. n. 372.*

GERANIUM *pedunculis bifloris, caule bifido erecto, foliis summis sessilibus.*
Geranium batrachioides Americanum maculatum, floribus obsolete cœruleis. *Dill. Hort. Elth. p. 158. T. 132. f. 359.*
Geranium flore specioso dilute rubente inodoro, purpureis lineis notato, foliis incisis. *Clayt. n. 307.*

POLYANDRIA.

SIDA foliis lanceolato-rhomboideis serratis. *Linn. Hort. Cliff. p. 346.*
Abutilon flore parvo luteo, foliis parvis serratis odore Pimpinellæ sanguisorbæ præditis, caulibus ramulisque duris lignosis. *Clayt. n. 131.*

SIDA foliis subrotundo-cordatis acuminatis. *Linn. Hort. Cliff. p. 346. n. 4.*
Abutilon. *Dod. p. 656.*
Abutilon cortice cannabino, flore luteo, foliis mollibus cordiformibus, subtus incanis, capsulis rostratis. *Clayt. n. 441.*

MAL-

MALVA caule repente, foliis cordato-orbiculatis, obsolete quinquelobis. *Linn. Hort. Cliff. p.* 347. *n.* 5.
Malva sylvestris folio subrotundo. *C. B. Pin.* 314.

HIBISCUS foliis ovatis crenatis, angulis lateralibus obsoletis. *Linn. Hort. Cliff. p.* 349. *n.* 1.
Ketmia Africana, Populi folio subtus incano & caule virescente. *Tourn. Inst. R. H. p.* 100.
Ketmia palustris frutescens, flore maximo candido, umbilico purpureo, foliis Aceris mollibus. *Clayt. n.* 122.

* Ketmia flore carneo specioso, umbilico purpureo, foliis prioris. *Clayt.*

Classis XVII.

DIADELPHIA.

OCTANDRIA.

POLYGALA foliis lanceolatis alternis, caule simplicissimo, corymbo terminatrice capitato.
Polygala rubra Virginiana spica parva compacta Banisteri. *Plukn. Alm. p.* 300.

POLYGALA caule simplici erecto, foliis ovato-lanceolatis alternis integerrimis, racemo terminatrice erecto.
Plantula Marilandica caule non ramoso, spica in fastigio singulari, gracili, e flosculis albis composita, an Polygalæ species? *Raj. Hist. Plant. Tom. III. p* 640. *n.* 25.
Polygala Virginiana foliis oblongis, floribus in thyrso candidis, radice alexipharmaca. *Mill.*
Polygala floribus albis in spicam tenuem digestis. Rattle-Snake-root. *Clayt. n.* 414.
Pluknetius Tab. 439. & 453. *depingit duas plantas huic valde similes.*
Caules simplicissimi absque ramis, teretes, glabri, vix pedales, debiles. Folia ovato-lanceolata, glabra, integerrima, lævia, in petiolos vix manifestos desinentia, superiora sensim majora. Spica laxa ex floribus alternis sessilibus terminat caulem mediante pedunculo foliis breviore. Flores albi, alæ subrotundæ.

POLYGALA foliis quaternis.
Polygala quadrifolia seu cruciata, floribus ex viridi rubentibus in globum compactis Banist. *Raj. Hist. Plant. Tom. III. p.* 639. *n.* 10.
Polygala flore ex viridi rubente in globum compacto quadrifolia seu cruciata. *Clayt. n.* 157.

POLYGALA foliis linearibus, capitulis subrotundis.
Polygala foliis angustis stellatim positis, floribus spicatis albicantibus e foliorum alis. *Clayt. n.* 105.

* POLYGALA foliis latioribus, ex adverso binis, floribus purpureis, in summo caule spicatim dispositis. *Clayt.*

* POLYGALA caule aphyllo cœrulescente glauco succulento Crithmi instar, floribus rubentibus in capitula parva congestis, radice fœtida. *Clayt.*

* POLYGALA foliis oblongis, floribus speciosis aureis, in capitulum rotundum congestis. *Clayt.*

DECANDRIA.

* LUPINUS floribus cœruleis inodoris, in spicas longas digestis, radice reptatrice. *Clayt.*

CROTALARIA foliis solitariis, petiolis decurrentibus membranaceis emarginatis. *Linn. Hort. Cliff. p.* 356. *n.* 1. *Var.*
Crotalaria sagittalis glabra, longioribus foliis, Americana. *Plukn. Alm. p.* 122. *T.* 277. *f.* 2.
Crotalaria parva foliis integris longis angustis, ad finem obtusis mollibus, villosis, alternis; floribus parvis flavis, calycibus fere occultatis; caule alato; siliqua nigra, vesicæ instar inflata, unicam seminum reniformium lucidorum seriem continente. *Clayt. n.* 126.

ONONIS caule volubili.
Anonis phaseoloides scandens, floribus flavis sessilibus. *Dill. Hort. Elth. p.* 30. *T.* 26.
Trifolium nunc volubile, nunc erectum; flore majori luteo, ad genicula in summo caule absque pediculis congesto; foliis latis rugosis; siliquis hirsutis latis fuscis compressis, duo vel tria semina nigra splendentia continentibus. *Clayt. n.* 113.

CYTISUS foliis fere sessilibus, calycibus squamula triplici auctis. *Linn. Hort. Cliff. p.* 355. *n.* 4. *Var.*
Trifolium dendroides foliis subcœruleis sive rutaceis. Pseudo-Anil Virginiensibus. *Banist.*
Cytisus procumbens Americanus flore luteo ramosissimus, qui Anil suppeditat apud Barbadensium Colonos. *Plukn. Alm. p.* 129. *T.* 86. *f* 2.
Spartio affinis trifoliata ramosa, foliis parvis subrotundis glaucis; flore flavo; caulibus glabris lentis flavescentibus, ad finem foliis destitutis; siliqua brevi tumida, duo vel tria semina reniformia continente; radice perenni, Vere turiones Asparagi instar emittente. Tentarunt ex hac planta smegma Indigo dictum conficere, verum successus minime respondebat. *Clayt. n.* 71.

ROBINIA aculeis geminatis. *Linn. Hort. Cliff. p.* 354.
Pseudoacacia siliquis glabris. *Boerh. Ind. Alt. Part. II. p.* 39. *n.* 2.
Pseudoacacia floribus albis racematim congestis pendulis odoratis, foliis pinnatis. Sweet-Smelling Locust. *Clayt. n.* 50.

DOLICHOS pedunculis communibus longissimis, leguminibus teretibus.
Phaseolus volubilis, flore specioso rubro, vexillo pro floris modo amplo rotundo, pediculo sex vel septem uncias longo erecto insidente, siliqua simplici glabra rotunda tumescente. Wild Pease. *Clayt. n.* 115.

DOLICHOS foliolis ovatis, intermediis petiolatis, leguminibus teretiusculis compressis.
Phaseolus flore purpureo, siliqua compressa. *Clayt. n.* 213.

DOLICHOS foliolis ovatis obtusis, pedunculis multifloris racemosis, petalis æqualis magnitudinis & figuræ.
Phaseolus foliis glabris lucidis, ex quorum alis flores purpurascentes pedunculo longissimo tenui spicatim exeunt, sili-

filiquis longis tumidis, ſeminibus pro plantæ modo magnis reniformibus repletis. *Clayt. n.* 121.

CLITORIA foliis ternatis, calycibus oblongis.
Clitorius Marianus trifoliatus ſubtus glaucus. *Pet. Hort. Sicc. n.* 55.
Clitorius trifoliatus volubilis flore ex albo & violaceo variegato, vexillo ſpecioſo magno, ex alis foliorum egreſſo: foliis virentibus, forma Phaſeoli ſed minoribus: ſiliquis ſimplicibus longis, nonnihil tumeſcentibus acuminatis, ſemine rotundo viſcoſo fœtis. *Clayt. n.* 108.

CLITORIA foliis ternatis, calycibus campanulatis.
Clitoria foliis pinnatis. *Linn. Hort. Cliff. p.* 360. *n.* 1. caule volubili. *ibid. p.* 499.
Clitorius trifolius, flore minore cœruleo. *Dill. Hort. Elth. p.* 90 *T.* 76. *f.* 87.
Clitorius alter trifoliatus volubilis, plantis vicinis circumvolutus, flore ejuſdem coloris, ſed majore & rotundiore vexillo, iiſdem foliis, ſiliquis ſimplicibus longiſſimis tenuibus compreſſis in acumen longum acutum excurrentibus, ſemine intus cylindrico glabro unica ſerie diſpoſito. *Clayt. n.* 112.

CLITORIA foliis pinnatis, caule decumbente. *Linn. Hort. Cliff. p.* 498.
Orobus Virginianus, foliis fulva lanugine incanis, foliorum nervo in ſpinulam abeunte. *Plukn. Mant. p.* 142.
Onobrychidis Species foliis amplis glabris pinnatis, impari in extrema coſta folio, caulibus ſupinis, flore ſpecioſo rubro, ſed marceſcente pallide carneo, in ſummitate pediculis longis tribus vel quatuor ſimul congeſtis, ſiliqua compreſſa unicam ſeminum ſeriem continente. *Clayt. n.* 102.

VICIA foliis pinnatis abruptis.
Cicer Aſtragaloides Virginianum hirſutie pubeſcens, floribus amplis ſubrubentibus. An Cicer montanum lanugi noſum erectum *C. B. Pin. D. Baniſter. Plukn. Alm. p.* 103. *T.* 23. *f.* 2.

Onobrychis foliis hirsutis, floribus in spica pendula dense stipatis, vexillo luteo, & carina rubra, siliquis compressis erectis hirsutis, seminum unicam seriem continentibus. *Clayt. n.* 38.

VICIA pedunculis multifloris, stipulis superne tantum acuminatis.
Aracus sylvestris floribus cœruleis spicatim dense dispositis. *Clayt. n.* 303.

* VICIA multifolia verna, floribus ex albo & rubro variegatis. *Clayt.*

* Aracus floribus albis in capitulum congestis. *Clayt.*

TRIFOLIUM caule piloso, foliolis subserratis, floribus lateralibus sessilibus subsolitariis, leguminibus ovatis.
Loto affinis Lagopoides Novanglicana, frutescens, foliis ternis, subtus sericea lanugine argentatis, monospermos. *Plukn. Mant. p.* 120.
Trifolii Species erecta, floribus aureis in summo caule congestis: foliis angustis hirsutis serratis: capsula simplici brevi villosa tumente, unico vel duobus seminibus reniformibus repleta. *Clayt. n.* 92.

TRIFOLIUM leguminibus polyspermis, foliolis obverse-ovatis denticulatis, floribus tetrapetalis, capitulis fructiferis reflexis.
Trifolium montano simile Virginianum, floribus amœne purpureis amplioribus & magis patulis, summo caule glomerulis per maturitatem reflexis. *Plukn. Mant. p.* 185.
Trifolium supinum caulibus hirsutis non spinosis, floribus rubentibus in capitula rotunda ad caulium cacumen & ex alis foliorum dense congestis, calycibus in quinque acuta segmenta incisis, foliis mollibus albo notatis, leviter serratis, instar Anonidis auritis, capsula parva duo vel tria semina continente. *Clayt. n.* 289.

TRIFOLIUM capitulis fubrotundis, flofculis pedunculatis, leguminibus tetrafpermis, caule procumbente. *Linn. Hort. Cliff. p. 375. n. 18.*
Trifolium pratenfe album. *C. B. Pin.* 327.
Trifolium fupinum floribus albis in glomerulis rotundis, pediculis longis infidentibus, flofculis exaridis pallide rubentibus & deorfum tendentibus. *Clayt. n.* 390.

TRIFOLIUM leguminibus fpicatis reformibus nudis monofpermis, caule procumbente. *Linn. Hort. Cliff. p. 375. n.* 19.
Trifolium pratenfe luteum capitulo breviore. *C. B. Pin.* 328.
Trifolium vernum pumilum arvenfe repens, flore parvo luteo in capitula congefto. *Clayt. n.* 336.

*Melilotus flore albo frutefcens, odore fortiori. *Clayt.*

*Lagopus humilis, flore dilute purpureo, thyrfis mollibus denfe ftipato. *Clayt.*

GLYCINE radice tuberofa. *Linn. Hort. Cliff. p.* 361. *n.* 1.
Apios Americana. *Corn. C.* 76.
Apios late fcandens, foliis glabris pinnatis Jafmini fimilibus, floribus atro-purpureis odoratis, in fpicas longas denfas congeftis, ex alis foliorum egreffis, pediculis brevibus infidentibus: filiquis fimplicibus feminibus cylindricis foetis; radice tuberofa. *Clayt. n.* 127.

GLYCINE foliis ternatis.
Phafeolus Marianus fcandens, floribus comofis. *Pet. Muf. n.* 453.
Phafeolus fylveftris late fcandens, floribus cœruleis in racemos parvos ad genicula congeftis, foliis hirfutis, filiqua fimplici, feminibus intus purpureis maculis notatis, unica ferie difpofitis. Madidis & umbrofis viget. *Clayt. n.* 182.

MEDICAGO caule erecto ramosissimo, floribus fasciculatis terminatricibus.
Loto affinis trifoliata frutescens glabra. *Plukn. Mant p* 120.
Barbæ Jovis affinis frutescens, floribus ex albo & rubro variegatis, a medio ad caulis cacumen ex alis foliorum dense stipatis; foliis ex uno pediculo ternis, quasi canitie tectis: capsula parva compressa acuminata, unicum semen reniforme continente. *Clayt. n.* 191.

* Barbæ Jovis alia species, floribus albis: foliis, capsulis, semineque cum præcedente convenit. *Clayt.*

MEDICAGO caule erecto vix ramoso, racemo dense spicato terminatrice. Clayt. n. 191. *pl.* 2.

HEDYSARUM caule florifero nudo longissimo, foliofero angulato.
Hedysarum caule aphyllo tenui infirmo, foliis a radice asperis, in uno pediculo ternis, floribus purpureis in summo caule spicatim positis. *Clayt. n.* 124.

HEDYSARUM panicula ramosa, foliolis lineari-lanceolatis.
Onobrychis Mariana triphylla, Passifloræ pentaphyllæ angustiori folio & facie, siliculis dentatis asperis. *Plukn. Mant. p.* 140. *T* 432. *f.* 6.
Hedysarum trifoliatum flore purpureo spicato, foliis angustis longis asperis. *Clayt. n.* 184.

HEDYSARUM caulibus procumbentibus, racemis lateralibus solitariis, petiolis pedunculo longioribus.
Hedysarum procumbens, Trifolii fragiferi folio. *Dill. Hort. Elth. p.* 172 *T.* 142. *f.* 169.
Trifolium supinum floribus ex albo & rubro variegatis, pediculis longis erectis, ex alis foliorum exeuntibus, insidentibus, in spicam parvam dispositis: foliis glabris: caulibus lignosis: capsula brevi acuminata glabra compressa, unicum semen minimum ovatum continente. Datur hujus Varietas flore albo. *Clayt.* 85.

HE-

HEDYSARUM foliis ternatis & ſolitariis, caule hiſpido fruticoſo. *Linn. Hort. Cliff. p.* 365. *n.* 1.
Hedyſarum Americanum triphyllum caneſcens, floribus albis ſpicatis. *Boerh. Ind. Alt. Part. II. p.* 51. *n.* 2.
Hedyſarum trifoliatum caule hirſuto volubili ſupino, floribus albis ſpicatim diſpoſitis, foliis amplis aſperis albo notatis. *Clayt. n.* 209.

HEDYSARUM leguminibus monoſpermis, foliis ternatis, foliolis lanceolatis.
?Phaſeolus erectus lathyroides, flore amplo coccineo. *Sloan. Cat. Jam. p.* 71. & *Hiſt. Jam. Vol. I. p.* 183. *n.* 17. *T.* 116. *f.* 1.
Melilotus flore violaceo, odore remiſſo. *Clayt. n.* 103.

HEDYSARUM caule infirmo, foliis ternatis, foliolis ovato acuminatis, racemis pedunculo longioribus.
Hedyſarum triphyllum fruticoſum ſupinum flore purpureo. *Sloan. Cat. Jam. p.* 73. & *Hiſt. Jam. Vol. I. p.* 185. *n.* 25. *T.* 118. *f.* 2.
Hedyſarum trifoliatum, caule folioſo infirmo, floribus ex albo & rubro variegatis. *Clayt. n.* 180.

HEDYSARUM caule recto, foliis ternatis acutiuſculis, racemis longiſſimis erectis.
Hedyſarum trifoliatum floribus viridibus, foliis magnis ſuperne aſperrimis, ſubtus mollibus Althææ inſtar. *Clayt. n.* 190.

Claſ-

Classis XVIII.

POLYADELPHIA.

POLYANDRIA.

HYPERICUM floribus digynis, foliis linearibus.
Hypericum caule quadrato hirſuto, flore aureo, foliis minimis hirſutis, cauli tam arcte appreſſis, ut vix conſpicuis. *Clayt. n.* 135.

HYPERICUM floribus digynis, foliis ovatis ſeſſilibus.
Centaurium luteum aquaticum perfoliatum flore flavo, foliis ſubrotundis glaucis. *Clayt. n.* 232.

HYPERICUM floribus trigynis, caule fruticoſo brachiato, foliis ovato-lanceolatis.
Hypericum parvum fruteſcens, foliis parvis glabris craſſis, caule compreſſo ligneo, flore luteo tetrapetalo. *Clayt. n.* 170.

* HYPERICUM non ramoſum, floribus in ſummis caulibus flavis, foliis punctatis quaſi perforatis. *Clayt.*

* HYPERICUM flore carneo, foliis ferrugineis lineis & maculis nonnunquam notatis, primo aſpectu quaſi perfoliatis, caule atro-purpureo. *Clayt.*

ASCYRUM foliis ovatis. *Linn. Hort. Cliff. p.* 494.
Hypericum pumilum ſemper virens, caule compreſſo ligneo ad bina latera alato, flore luteo tetrapetalo ſ. Crux ſ. Andreæ, Baniſter. *Raj. Hiſt. Plant. Tom. III. p.* 495. *n.* 11.
St. Andrews wort. *Plukn. Mant. p.* 104.
Androſæmum flore luteo tetrapetalo, foliis oblongis glabris craſſis, caule duro compreſſo ligneo. *Clayt. n.* 230.

Classis XIX.

SYNGENESIA.

POLYGAMIA ÆQUALIS.

PRENANTHES flosculis plurimis, foliis hastatis angulatis. *Linn. Hort. Cliff. p.* 383. *n.* 3.
Prenanthes Novanglicanus Chenopodii foliis, floribus candidis. *Vaill. Act. Reg. Par.* 1721.
Prenanthes folio scabro inciso, capitulis florum pendulis, floribus dilute luteis, petalis paucis constantibus. Tota planta lacte viscoso scatet. *Clayt. n.* 15. *&* 284.

PRENANTHES autumnalis, flore dilute purpureo deorsum nutante, spicatim ad caulem disposito, foliis scabris incisis, caule singulari. *n.* 319. præcedentis *varietas est.* Dr. Witts Snake root. *Præsentaneum est remedium contra morsus Caudisonæ. Advers. Collins.*

CHONDRILLA foliis pinnato-hastatis denticulatis.
Chondrilla sylvestris alta, flore cœruleo specioso: foliis sinuatis longis acuminatis alternis, leviter hirsutis: caule ad cacumen ramoso: semine nigro, pappis albis & quasi argenteis instructo. *Clayt. n.* 139.

HIERACIUM foliis cuneiformibus hirtis, caule nudo crassissimo erecto.
Hieracium fruticosum latifolium, foliis punctulis & venis sanguineis notatis. *Banist. Cat. Stirp. Virg.*
Hieracium Marianum perelegans, Lapathi venis sanguineis inscripti foliis, flore parvo flavescente. *Plukn. Mant. p.* 102.
Hieracium luteum, caule ramoso aphyllo, foliis maculis & venis sanguineis notatis. *Clayt. n.* 386.

HIERACIUM foliis radicalibus obverſe-ovatis pubeſcentibus, caulinis ovatis amplexicaulibus, floribus paniculatis, caule erecto.

Hieracium luteum foliis Piloſellæ. *Clayt. n.* 447.

Proxime accedit ad Hieracium glaucum piloſum, foliis parum dentatis. Dill. Hort. Elth. T. 149. *f.* 179. *Sed foliis differt obtuſioribus, radicalibus fere ſeſſilibus vix dentatis, caule erecto tenuiori, inferne tantum piloſo, & foliis dimidio minoribus.*

HYOSERIS foliis lanceolatis ſinuato-dentatis glabris, ſcapis unifloris.

Dens Leonis parvus, flore aureo. *Clayt. n.* 376.

Calycis folia lanceolata, plurima, æqualia, nequaquam imbricata. Semina tetragona truncata, calyce breviora, coronata pappo ſimplici ſeu capillari, intra quem ſquamæ aliquot albæ ſubrotundæ breviſſimæ itidem ſemina coronant, & pappum exteriorem deprimunt.

LEONTODON foliis linearibus integris, caule erecto ſimplici.

Dens Leonis foliis integris vel leviſſime tantum inciſis, flore ſpecioſo ſaturate aureo. *Clayt. n.* 19. & 383.

Calyx *ex duplici foliorum ordine compoſitus, glaber, æqualis, abſque ullis ad baſim ſquamulis, quarum defectu potius Leontodoni, quam Hyoſeridi adſcribi debet: pappo tamen ſimplici cum Hyoſeride convenit.* Folia *linearia, ſive graminea, vel enſiformia, communiter indiviſa, glabra, viridia.* Scapus *nudus, foliis duplo longior, uniflorus.*

* Dens Leonis vernus vulgaris. *Clayt.*

* Alter autumnalis, flore amplo ſpecioſo unico. *Clayt.*

TRAGOPOGON caule ramoſo, foliis lanceolatis ſeſſilibus amplexicaulibus dentatis.
Tragopogon flore magno ſulphureo ſpecioſo, caule ſtriato, foliis longis laciniatis anguſtis, ad margines ſpinulis mollibus obſitis. Florem habet mane expanſum, meridie clauſum, calyce tunc figuram conicam aſſumente, ſeminibus Tragopogonis flore purpureo, ſed minoribus. *Clayt. n. 309.*

SONCHUS caule glabro erecto longiſſimo, foliis pinnato-haſtatis & indiviſis.
Sonchus altus caule glabro Virginianus *Baniſt. Plukn. Alm. p. 355.*
Sonchus altiſſimus flore flaveſcente, caule glabro, foliis integris & interdum laciniatis. *Clayt. n. 224.*

* SONCHUS lævis vulg. *Clayt.*

* SONCHUS aſper vulg. *Clayt.*

ELEPHANTOPUS foliis tomentoſis.
Elephantopus foliis Primulæ Veris mollibus rugoſis integris hirſutis, caule etiam hirſuto dichotomo, foliis paucis minoribus veſtito, floſculis purpureis capitulis congeſtis, in ſummis ramulis diſpoſitis, quibus concava rigida duo vel tria ſubſunt folia. *Clayt. n. 148.*
Differt ab Elephantopo Dillenii foliis oblongis, quæ in Virginica ovata ſunt, dein foliis ſcabris, quæ in Virginica ſunt tomentoſa utrinque.

* ATRACTYLIS flore magno luteo, foliolis rigidis ad modum Cnici calycem cingentibus. *Clayt.*

ARCTIUM. *Cæſalp. Syſt. 488.*
Bardana ſ. Lappa major. *Dod.*

SERRATULA foliis linearibus, calycibus squarrosis. *Linn. Hort. Cliff. p.* 392.
Cirsium tuberosum, capitulis squarrosis. *Dill. Hort. Elth. p.* 83. *T.* 71. *f.* 82.
Cirsium parvum, foliis angustis integris rigidis, in mucronem rigidum desinentibus, flore purpureo pulchro, squamis calycis in spinulas hamatas desinentibus, radice tuberosa. *Clayt. n.* 14.

SERRATULA foliis linearibus, floribus solitariis sessilibus.
Cirsium tuberosum, Lactucæ capitulis spicatis. *Dill. Hort. Elth. p.* 85. *T.* 72. *f.* 83.
Cirsium non ramosum, foliis plurimis rigidis perangustis, flores ferens multos parvos rubentes in spica, ad caulem sessiles, radice tuberosa. *Clayt. n.* 237.
Radix est discutiens, hinc Throat-wort. *Advers. Collins.*

* Cirsium non ramosum foliis latioribus, flores ferens pauciores majores, squamis hiantibus armatos, pediculis curtis insidentibus, radice etiam tuberosa. *Clayt.*

SERRATULA foliis ovato-oblongis acuminatis serratis, floribus corymbosis, calycibus subrotundis.
Serratula Marilandica, foliis glaucis, Cirsii instar denticulatis. *Dill. Hort. Elth. p.* 354. *T.* 262. *f.* 341.
Jacea floribus purpureis multis in summis caulibus, foliis longis angustis, Salicis nonnihil æmulis. *Clayt. n.* 15. & 175.

CARDUUS calyce inermi, foliis lanceolatis subtus tomentosis, margine spinulosis, caule folioso unifloro.
Cirsium minus Virginianum singulari capitulo, caule folioso. *Mor. Hist. Oxon. Part. III. S. VII. p.* 150.
Carduus foliis amplis laciniatis, spinulis mollibus armatis, subtus incanis, capitulis tumescentibus, spinulis nigris hamatis plurimis dense obsitis, flore singulari specioso purpureo. *Clayt. n.* 193.

* CARDUUS foliis laciniatis, ſpinis rigidis armatis, flore purpureo. *Clayt.*

* Carduus benedictus caulibus infirmis ſupinis, flore flavo. *Clayt.*

* Coma aurea altiſſima, floribus in ſummis caulibus & ramulis ſpicatim denſe ſtipatis, foliis Elichryſi, ſed longioribus & viridioribus. *Clayt.*

EUPATORIUM caule volubili, foliis cordatis acutis dentatis. *Linn. Hort. Cliff. p. 396. n. 5.*
Clematitis novum genus, Cucumerinis foliis, Virginianum. *Plukn. Alm. p. 109. T. 163. f. 3.*
Eupatorium aquaticum ſcandens, floribus albicantibus odoratis, foliis cordiformibus crenatis mucronatis, pediculis longis inſidentibus. *Clayt. n. 147.*

EUPATORIUM caule erecto, foliis cordatis ſerratis. *Linn. Hort. Cliff. p. 396. n. 5.*
Eupatorium Urticæ folio Canadenſe, flore albo. *Herman. Hort. Lugd. Bat. app.*
Eupatorium floribus albis umbellatim quaſi diſpoſitis, foliis Urticæ, pediculis longis inſidentibus, ad nodos binis. Black Stikweet a colore caulis. *Clayt. n. 199.*

EUPATORIUM foliis ovato-lanceolatis obtuſe ſerratis, in petiolos deſinentibus.
Eupatorium folio Enulæ. *Corn. C. 72.*
Eupatorium altiſſimum, floribus multis dilute purpureis, in ſummo caule racematim congeſtis, foliis longis rugoſis, Salviæ nonnihil æmulis, quadratim poſitis, caule non ramoſo glabro rotundo. *Clayt. n. 162.*

EUPATORIUM foliis ovato-lanceolatis ſimplicibus, obtuſe ſerratis.
Eupatorium floribus albis in ſummis caulibus denſe congeſtis, foliis in caule plurimis longis anguſtis muricatis. *Clayt. n.* 207.

EUPATORIUM foliis cordatis ſerratis petiolatis.
Eupatorium Scorodoniæ folio, flore cœruleo. *Dill. Hort. Elth. p.* 140. *T.* 114. *f.* 139.
Eupatorium floribus ſpecioſis cœruleis denſe coactis, folio oblongo muricato & ſerrato. *Clayt. n.* 179.

*EUPATORIUM perfoliatum aquaticum, foliis rugoſis longiſſimis, in acumen longum deſinentibus, flore albo. *Clayt.*

POROPHYLLUM foliis deltoidibus angulatis.
Nardus Americana procerior foliis cæſiis. *Plukn. Alm. p.* 251. *T.* 101. *f.* 2. *Raj. Hiſt. Plant. Tom. III. p.* 242.
Eupatorio affinis præalta non ramoſa, foliis triangulatis amplis crenatis, alterno ordine poſitis, ſuperne glaucis ſubtus albicantibus, pediculis longis inſidentibus, floribus dilute luteis parvis, e tribus vel quatuor floſculis compoſitis, calyce canaliculato albicante, caule glabro rotundo glauco. Tota planta præter flores calyceſque pulvere albicante minutiſſimo tegitur. *Clayt. n.* 133.

BIDENS corona feminum retrorſum aculeata, feminibus erectis. *Linn. Hort. Cliff. p.* 399.
Bidens Americana Apii folio. *Tourn. Inſt. R. H. p.* 462.
Bidens præalta floribus luteis vix radiatis, foliis alatis & Apii inſtar inciſis, odore Dauci præditis, ſemine bidentato tenui nigro, veſtibus tenaciter adhærente. Spaniſh-needle. *Clayt. n.* 176.

*BIDENS aquatica humilior, foliis quaſi pinnatis, impari ad finem lobo aliis longe majori & acuminato; flore ſemineque cum priori convenit. *Clayt.*

PO-

POLYGAMIA SUPERFLUA.

GNAPHALIUM stolonibus reptatricibus longissimis, foliis ovatis, caule capitato.
Gnaphalium Plantaginis folio Virginianum. White Plantain. *Plukn. Alm. p.* 171. *T.* 348. *f.* 9.
Helichrysum humile Plantaginis folio. *Vaill. Act. Reg. Par. A.* 1719.
Elichryso affinis foliis Tussilaginis sed minoribus, subtus incanis & tomentosis, superne ferrugineis rugosis duris. *Clayt. n.* 287.

GNAPHALIUM foliis lanceolatis, caule tomentoso, corymbis supradecompositis, floribus sessilibus confertis.
Elichrysum latifolium erectum, floribus conglobatis. *Tourn. Inst. R. H. p.* 453.
Elichrysum foliis dilute flavescentibus longis angustis tomentosis, capitulis luteis colorem diu retinentibus, odore resinoso. *Clayt. n.* 203.

* GNAPHALIUM minimum humile, Herba Impia dictum. *Clayt.*

* Elichrysum floribus argenteis lucidis, foliis latis odoratis leviter hirsutis. *Clayt.*

ARTEMISIA foliis ramosis linearibus, caule procumbente. *Linn. Hort. Cliff. p.* 403. *n.* 5.
Abrotanum campestre. *C. B. Pin.* 136. cauliculis rubentibus. *Tourn. Inst. R. H. p.* 459.
Artemisia foliis tenuiter incisis, Santolinæ foliis similibus, floribus luteis plurimis, in spicis pendulis dense dispositis, caule unico ligneo hirsuto rubente. *Clayt. n.* 167.

BACCHARIS foliis ovato-lanceolatis ferratis, caule herbaceo.
Conyzæ affinis floribus purpureis, foliis amplis integris viridi-fuſcis mollibus odoratis. *Clayt. n.* 165.

BACCHARIS foliis lanceolatis ferrato-dentatis, corymbis folioſis.
Eupatorium floribus albis. *Clayt. n.* 159.

BACCHARIS foliis obverſe-ovatis, ſuperne emarginato-ferratis. *Linn. Hort. Cliff. p.* 405.
Conyza Virginiana Halimi folio. *Tourn. Inſt. R. H p.* 455.
Senecio arboreſcens Halimi folio, ſeminibus quaſi pappo argenteo inſtructis, plurimis. *Clayt. n.* 240.

ERIGERON caule ſimpliciſſimo, ſæpius biſloro, folio caulino ſemiamplexicauli.
Aſter vernus caule fuſco hirſuto infirmo ſingulari, vix foliato, florem plerumque unicum, cujus petala marginalia alba ſunt, diſcum flaveſcentem cingentia, in faſtigio ferenti. *Clayt. n.* 375.
In Phytophylacio Collinſoniano datur Varietas caule multifloro.

ERIGERON floribus paniculatis. *Linn. Hort. Cliff. p.* 407. *n.* 3.
Conyza annua acris alba elatior, Linariæ foliis. *Mor. Hiſt. Oxon. Part. III. S. VII. p.* 115.
Conyza foliis anguſtis longis, in caule plurimis, flore minimo dilute luteo, vix conſpicuo, nunc radiato, nunc nudo, barbulis paucis fugacibus. Tota planta eſt odorifera. *Clayt. n.* 449.

DORONICUM foliis ſubcordatis crenatis petiolatis.
Doronicum foliis Plantaginis, in ſuperficie terræ cruciatim poſitis, caule unico fere nudo, in binos vel ternos ramulos divaricato, flore ſpecioſo flavo. *Clayt. n.* 37.

DORONICUM foliis inferioribus integris, superioribus laciniatis, caule multifloro.
Doronicum vernum flore aureo, foliis tomentosis, pediculis longis insidentibus, imis integris, supremis laciniatis, radice reptatrice. *Clayt. n.* 44.
Semina Radii sunt papposa.

SOLIDAGO paniculato-corymbosa, racemis reflexis, floribus confertis adscendentibus. *Linn. Hort. Cliff. p.* 409. *n.* 2.
Virga aurea Noveboracensis glabra, caulibus rubentibus, foliis angustis glabris. *Herman. Flor. Lugd. Bat. Flor.* 26.
Virga aurea aquatica, foliis glabris angustis, caule rubente. *Clayt. n.* 283.

SOLIDAGO calycibus squarrosis, flosculis radialibus integerrimis, floribus corymbosis.
Virga aurea humilior, foliis integris ad apicem rotundis, florum petalis marginalibus albis, disco ferrugineo. *Clayt. n.* 90.

* Virga aurea foliis latioribus, floribus in summis virgis albis, spicatim dense dispositis. *Clayt.*

* Virga aurea alta, foliis oblongis glabris acuminatis, florum spicis densissimis. *Clayt.*

* Jacobæa flore aureo, foliis tenuiter incisis: pratis madidis Vere invenienda. *Clayt.*

SENECIO foliis ovatis inæqualiter dentatis indivisis, corymbo terminatrice inæquali.
Baccharis seu Conyza magna, flore luteo specioso, foliis amplis laciniatis odoratis. *Clayt. n.* 204.

SENECIO foliis pinnatifidis denticulatis, laciniis æqualibus patentissimis, rhachi lineari. *Linn. Hort. Cliff. p.* 406. *n.* 1.
Senecio major vulgaris. *C. B. Pin.* 131. *Clayt. n.* 285.

SENECIO foliis crenatis, infimis cordatis petiolatis, superioribus pinnatifidis, laciniis exterioribus majoribus
Jacobæa Virginiana foliis imis Alliariæ glabris, caulescentibus Barbareæ. *Mor. Hist. Oxon. Part. III. S. VIII. p.* 110. *n.* 19. *Raj. Hist. Plant. Tom. III. p.* 180. *n.* 74.
Jacobæoides foliis imis Alliariæ, caulescentibus Jacobææ D. Sarracin. *Vaill. Act. Reg. Par. A.* 1720.
Jacobæa flore aureo verna, foliis infimis rotundis ad marginem serratis, pediculis longis insidentibus, supremis laciniatis ad margines etiam serratis, leviter superne lanatis, radice parva atro-rubente, odore grato prædita. Madidis & umbrosis gaudet. Majo floret. *Clayt. n.* 249. *&* 286.

ASTER floribus terminatricibus solitariis, foliis linearibus alternis.
Aster foliis parvis rigidis crebris, caule non ramoso ligneo infirmo, flore unico specioso, barbulis purpureis longis, flosculis in disco ferrugineis, calyce squamoso tumido & rotundo. *Clayt. n.* 9.
Ab Astere Marilandico Rorismarini foliis angustioribus in caule crebris inordinatis, floribus in summitate paucis Raj. Hist. Plant. Tom. III. p. 165. *differt flore solitario caulem albidum terminante.*

ASTER ramosus petiolis foliosis, foliis lineari-lanceolatis villosis.
Aster floribus flavis, in summis caulibus tenuiter congestis, foliis angustis longis gramineis tomentosis, caulem amplectentibus. *Clayt. n.* 218.
Facie accedit ad Asterem purpureum elatiorem Floridanum gramineis foliis argenteo-sericeis Plukn. Tab. 374. *f.* 1.

ASTER caule ſubnudo filiformi ſubramoſo, pedunculis nudis, foliolis radicalibus lanceolatis obtuſis.
Aſter paluſtris foliis Bellidis non ſerratis, barbulis tenuibus albis, diſco luteo, caule viridi hirſuto erecto. Vere floret. *Clayt. n.* 391.

ASTER caule infirmo, foliis ovatis acuminatis integerrimis, pedunculis unifloris nudis, calycibus ſimplicibus.
Aſter Americanus latifolius albus, caule ad ſummum brachiato. *Plukn. Alm. p.* 56. *T.* 79. *f.* 1.
Aſter petalis florum marginalibus albis latis paucis, diſco flaveſcente, caule infirmo. *Clayt. n.* 143.

ASTER foliis linearibus acutis, caule corymboſe ramoſiſſimo. *Linn. Hort. Cliff. p.* 408. *n.* 15.
Aſter Tripolii flore, anguſtiſſimo & tenuiſſimo folio. *Herman. Flor. Lugd. Bat. Flor.* 23.
Tripolium flore unico caulem terminante, cujus radii purpurei & longi, & floſculi in medio flaveſcentes, foliis longis glaucis gramineis. *Clayt. n.* 241.

ASTER foliis linearibus integerrimis, caule paniculato. *Linn. Hort. Cliff. p.* 408. *n.* 10.
Aſter Americanus multiflorus, flore albo Bellidis, diſco luteo. *Sch Bot. Par.*
Aſter vernus caule ſingulari, vix folioſo, in cacumine ramoſo, petalis florum marginalibus albis, diſco aureo, foliis ad imum ſubrotundis craſſis ſerratis. *Clayt. n.* 72.

ASTER foliis lanceolatis ſemiamplexicaulibus crenatis ſcabris, ramis unifloris folioſis.
Aſter grandiflorus aſper, ſquamis reflexis. *Dill. Hort. Elth. p.* 41. *T.* 36. *f.* 31.
Aſter foliis parvis auritis viſcoſis, flore ſpecioſo, diſco aureo, barbulis cœruleis, calyce ſquamoſo foliaceo tumido. *Clayt n.* 239.

ASTER foliis lanceolatis sessilibus alternis integerrimis, calycibus alternis imbricatis tomentosis erectis.
Virga aurea. *Clayt. n.* 239.

ASTER foliis lanceolato-linearibus alternis integerrimis semiamplexicaulibus, floribus capitato-terminatricibus. *Linn Hort. Cliff. p.* 408. *n* 7.
Aster Novæ Angliæ altissimus hirsutus floribus amplissimis purpureo-violaceis. *Herman. Par. Bat. p.* 98. *Clayt. n.* 244.

ASTER caule terminato corymbo, foliis lanceolatis integerrimis subtus pilosis.
Aster foliis rigidis integris oblongis auriculatis, floribus flavis speciosis, in umbellam ad finem ramulorum coactis. *Clayt. n.* 160.

ASTER caule paniculato, pedunculis racemosis, pedicellis foliosis, foliis linearibus integerrimis.
Aster ericoides dumosus. *Dill. Hort. Elth. p.* 40. *T.* 36. *f.* 40.
Aster serotinus floribus parvis albis, disco ferrugineo, in umbellas tenues dispositis minimis. Hujus datur alia Species spicatim florifera. *Clayt. n.* 194.

*ASTER cœruleus ramosus, Ptarmicæ capitulis, foliis nervosis. *Clayt.*

*Helenium s. Enula Campana præalta, foliis longis latis, subtus incanis, superne virentibus rugosis, flore specioso flavo, disco nigricante. *Clayt.*

CHRYSANTHEMUM foliis amplexicaulibus oblongis superne serratis, inferne dentatis. *Linn. Hort. Cliff. p.* 416. *n.* 3.

Leu-

Leucanthemum vulgare. *Tourn. Inst. R. H. p.* 492.
Leucanthemum flore ſpecioſo albo, diſco atro-purpureo, foliis ad margines inciſis odoratis. *Clayt. n.* 68.

BUPHTHALMUM foliis oppoſitis lanceolatis, petiolis bidentatis. *Linn Hort. Cliff. p.* 415. *n.* 12.
Aſteriſcus fruteſcens, Leucoji foliis ſericeis & incanis. *Dill. Hort. Elth. p.* 44 *T.* 38. *f.* 44
Chryſanthemum maritimum flore flavo concolore, unico in uno caule, eumque terminante: cauliculo brevi vel nullo: floſculis in diſco e ſquamarum ſinubus exeuntibus, ſquamis flore marceſcenti in rotunditatem coactis, foliis craſſis ſucculentis virentibus, ad caulem anguſtis & ad finem latis rotundis, ex adverſo binis, ad margines interdum minime crenatis, duabus aut pluribus breviſſimis mollibus ſpinulis armatis: radice longa albicante non fibroſa. *Vid. Catesb. Hiſt. Carol. Vol. I. T.* 93. *Clayt. n.* 242.

BUPHTHALMUM florum diſcis ovatis, caule ramoſo, foliis duplicato-pinnatis linearibus.
Chamæmelum fœtidum. *C. B. Pin.* 135.
Cotula fœtida vulgaris. *Clayt. n.* 436.

ACHILLEA foliis duplicato-pinnatis glabris, laciniis linearibus acutis laciniatis. *Linn. Hort Cliff. p.* 413. *n.* 7.
Millefolium vulgare album. *C. B. Pin.* 140. *Clayt.*

HELENIA foliis decurrentibus. *Linn. Hort. Cliff. p.* 418.
Aſter Floridanus aureus caule alato, ſumma parte brachiato, petalorum apicibus profunde crenatis. *Plukn. Amalth. p.* 43. *T.* 372. *f.* 4.
Chamæmelo affinis flore aureo concolore ſpecioſo, barbulis deorſum nutantibus, foliis oblongis integris acuminatis, leviter ſerratis, adverſis. Tota planta amaritudine notabili prædita. Aquoſis gaudet, ac Autumno floret. *Clayt. n.* 202.

* Ptarmicæ affinis altissima frutescens annua: foliis amplis acuminatis viridibus mollibus, ex adverso binis, pediculis longis insidentibus: floribus flavis, umbellatim in summis ramulis positis, vix radiatis, barbulis fugacibus cito caducis: caule quadrato alato, semine bidentato. Stickweet. *Clayt.*

VERBESINA floribus corymbosis, foliis lanceolatis petiolatis.

Ptarmicæ affinis humilior floribus albis, foliis amplis acuminatis viridibus mollibus alternatim positis, caule vix alato, semine bidentato. White Stickweed. *Clayt. n.* 166.

CAL. *Perianthium subcylindraceum imbricatum, squamis oblongis obtusis crassiusculis.*

COR. *composita radiata, radio ex flosculis paucis, disco ex pluribus.*

Flosculus Disci infundibuliformis, hermaphroditus, quinquefidus.

Flosculus Radii ligulatus, oblongus, interdum bifidus vel trifidus, interdum integer.

STAM. *Filamenta quinque brevissima in flosculis hermaphroditis. Anthera cylindracea.*

PIST. *Hermaphroditis Germen sub receptaculo floris proprii. Stylus filiformis. Stigmata duo revoluta.*

Fœminini flosculi seu Radii omnino ut Hermaphroditi se habent.

PERIC. *nullum. Calyx immutatus.*

SEM. *Hermaphroditis ac Fœmininis Flosculis columnaria, tetragona, coronata duabus paleis erectis, subulatis.*

Receptaculum paleis distinctum, singulis longitudine seminum, membranaceis, obtusis.

Hinc Verbesinis accenseri potest, nec differt ab iis nisi Calyce.

Eu-

VERBESINA foliis oppositis lanceolatis serratis. *Linn. Hort Cliff. p.* 500.
Eupatoriophalacron Balsaminæ fœminæ folio, flore albo discoide. *Vaill. Dill. Hort. Elth. p.* 138. *T.* 113. *f.* 137.
Bidens aquatica foliis glabris angustis leviter serratis, flore albicante, barbulis minimis caducis, caule rotundo glabro indeterminato, odore remisso. *Clayt. n.* 163.

TETRAGONOTHECA Doronici maximi folio. *Dill. Hort. Elth. p.* 378. *T.* 283. *f.* 365.
Corona Solis foliis amplis rigidis integris adversis, floribus magnis flavis, disco per maturitatem nigricante, calyce quatuor foliolis tumescentibus cincto, radice crassa odorata. *Clayt. n.* 97.

POLYGAMIA FRUSTRANEA.

HELIANTHUS foliis ovatis crenatis trinerviis scabris, squamis calycinis erectis, longitudine disci.
Corona Solis minor, disco atro-rubente. *Dill. Hort. Elth. p.* 111. *T.* 94.
Corona Solis flosculis in disco nigricantibus, petalis marginalibus flavis: foliis asperrimis paucis auritis, ex adverso binis auriculatis: caule hirsuto nigricante. *Clayt. n.* 136.

* Alia Species iisdem floribus, sed foliis lævioribus quadratim positis. *Clayt.*

HELIANTHUS foliis linearibus.
Flos Solis Marianus foliis alternis angustissimis scabris. *Pet. Mus. n.* 644.
Chrysanthemum aquaticum autumnale odoratum humile, flore pulchro aureo, foliis leviter incisis. *Clayt. n.* 13.

HELIANTHUS foliis lanceolatis sessilibus.
Corona Solis caule nigro, foliis oblongis acuminatis rugosis auriculatis adversis, flore flavo, in singulo caule unico, disco purpureo. *Clayt. n.* 109.

HELIANTHUS foliis lanceolatis serratis lævibus.
Chrysanthemum palustre, foliis odore grato præditis. *Clayt. n.* 195.
Floris Radius pistillo caret. Semina duplici palea subulata instruuntur. Paleæ receptaculi coloratæ sunt. Discus planus, & pedunculi longi erecti.

RUDBECKIA foliis lanceolatis ovatis alternis indivisis, petalis radii bifidis.
Chrysanthemum Americanum Doronici folio, flore Persici coloris, umbone magno prominente, ex atro-purpureo, viridi & aureo fulgente. *Plukn. Alm. p.* 99 *T.* 21. *f.* 1. *Catesb. Hist. Carol. Vol. II. T.* 59.
Obeliscotheca barbulis pallide rubentibus. *Clayt. n.* 417.
Caulis pedalis simplicissimus, erectus, striatus. Folia inferiora alterna, tria vel quatuor, ex ovata figura in lanceolatam decurrentia, superiora paulo angustiora, margine leviter serrato. Flos solitarius & unicus terminatrix, calyce imbricato brevi, squamis undique patentibus. Discus hemisphæricus, vel semiovatus. Paleæ rigidæ, atro-purpureæ. Radius multiplex dependens longissimus, petalis linearibus bifidis, acutis, saturate purpureis. Flores in disco hermaphroditi, in radio fœminini, tamen sæpe abortientes.
Hinc differt a Rudbeckiis Calyce magis imbricato, ab Helianthe Disco convexo, ab utrisque Stylo præsente in flosculis radii. Ob faciem tamen floris ad Rudbeckias accedentis, & ob semina radii, quæ sæpe abortire videntur, potius hanc Rudbeckiis accensere volui, quam novum genus condere, quamdiu seminum notitia latet.

COREOPSIS *foliis ovatis, inferioribus ternatis.*
Chrysanthemum folio oblongo auriculato. *Banist.*
Chrysanthemum hirsutum Virginianum, auriculato Dulcamaræ folio, octopetalon. *Plukn. Alm. p.* 101. *T.* 83. *f.* 5. & *Tab.* 242. *f.* 4.
Corona Solis caule aphyllo, flore specioso unico, barbulis acuminatis eleganter serratis, foliis paucis hirsutis oblongis, pediculis longis insidentibus. *Clayt. n.* 298.

COREOPSIS *foliis verticillatis linearibus multifidis.*
Chrysanthemum Marianum Scabiosæ tenuissime divisis foliis, ad intervalla confertis. *Plukn. Mant. p.* 48. *T.* 344. *f.* 4.
Ceratocephalus Delphinii foliis. *Vaill. Act. Reg. Par. A.* 1720.
Delphinii vel Mei foliis Planta, ad nodos positis, caule singulari. *Clayt. n* 308.
Huc spectant Chrysanthemum foliis ferulaceis Virginianum Banist., & Chrysanthemum Peucedani foliis Provinciæ Marianæ Pluknetii.
Calyx *erectus, articulatus. Caulem ad singula genicula cingunt* Folia *plurima (sex sæpius) horizontaliter patentia, opposita, primum tripartito divisa, dein aliquoties (sæpius ter) subdivisa, laciniis æqualibus linearibus, Myriophylli, Ceratophylli & Charæ æmulis.* Rami *ad genicula oppositi, caule breviores, minusque foliosi desinunt in pediculos nudos erectos ternos, quandoque oppositos, unifloros.*
Flos *singulus constat calyce duplici, exteriore composito ex octo foliolis linearibus, æqualibus, patentibus, longitudine interioris calycis, qui erectus, & vix ab exteriori remotus, teres, sexdecim constat foliolis ovatis æqualibus, quorum octo exteriora, reliqua interiora.*
Corolla *radiata.* Flosculi *Disci ac Radii lutei, fistulosi, quinquefidi.* Radium *componunt octo flosculi ligulati, plani, integerrimi, stylo destituti.* Germen *brevissimum, duplici acumine obtuso instructum.* Paleæ *germine quadruplo longiores setaceæ, superne crassiores.*

CENTAUREA calycibus subulato-spinosis, foliis linearibus integerrimis sessilibus.
? Jacea lutea annua alata tomentosa Sabauda. *Mor. Hist. Oxon. Part. III. S. VII. p.* 145. *n.* 29 *t.* 34.
Calcitrapa floribus aureis, foliis angustis tomentosis, Cyani agrestis similibus, radice fibrosa. *Clayt. n.* 268.

* Calcitrapa foliis parvis rigidis, caules ad divaricationes stellatim cingentibus, capitulis cylindraceis aculeis albis rectis armatis, flore purpureo. *Clayt.*

POLYGAMIA NECESSARIA.

OSTEOSPERMUM foliis oppositis palmatis. *Linn. Hort. Cliff. p.* 424. *n.* 3.
Corona Solis arborea, folio latissimo Platani. *Boerh. Ind. Alt. Part. I p* 103.
Chrysanthemum angulosis Platani foliis mollibus subtus incanis, floribus luteis in summo caule umbellatim congestis. Hujus datur Varietas foliis majoribus viridioribus. *Clayt. n.* 138. & 221.

CHRYSOGONUM. *Linn. Hort. Cliff. p.* 424.
Chrysanthemum pentapetalum villoso caule. *Banist.*
Chrysanthemum disco sterili luteo, quinque barbulis concoloribus ornato, foliis serratis acuminatis mollibus subtus incanis, pediculis longis insidentibus. *Clayt. n.* 298. *pl.* 2
Radius Corollæ quinque constat flosculis fœmininis ligulatis, quibus succedit semen unicum ovato-oblongum depressum, apice bifidum. Flores flosculosi in Disco hermaphroditi quidem, sed non abortiunt. Hinc a Bidente differt Calyce simplici & Disco sterili.

SILPHIUM. *Linn. Hort. Cliff. p.* 494.
Asteriscus Coronæ Solis flore & facie. *Dill. Hort. Elth. p.* 42. *T.* 37. *f.* 42.

Co-

Corona Solis caulibus plurimis rubentibus, foliis laciniatis rugosis hirsutis ex adverso binis, flore minore in uno caule unico, radio singulari flavo, flosculis intus purpureis splendentibus odoratis, disco sphærico. an Obelisco-thecæ species. *Vaill. Clayt. n.* 187.?

MONOGAMIA.

LOBELIA caule erecto, foliis lanceolatis obsolete serratis, racemo terminatrici. *Linn. Hort. Cliff. p.* 426. *n.* 1.
Rapuntium maximum coccineo spicato flore. *Tourn. Inst. R. H p.* 163.
Rapuntium floribus pulcherrimis coccineis spicatis. *Clayt. n.* 5.

LOBELIA caulibus ramosis procumbentibus, foliis lanceolatis serratis. *Linn Hort. Cliff. p.* 426. *n.* 4.
Rapuntium floribus cœruleis spicatis. *Clayt. n.* 5.

LOBELIA caule erecto, foliis cordatis obsolete-dentatis petiolatis, corymbo terminatrici. *Linn. Hort. Cliff. p.* 426. *n.* 3.
Rapuntium Trachelii folio, flore purpurascente. *Tourn. Inst. R. H. p.* 163. *Clayt. n.* 196.

*Rapuntium minus floribus violaceis spicatis. *Clayt.*

VIOLA foliis palmatis.
Viola tricolor caule nudo, foliis tenuius dissectis. *Banist. Cat. Stirp. Virg.*
Viola Virginiana tricolor, foliis multifidis, cauliculo aphyllo *D. Banister. Plukn. Alm. p.* 388. *T.* 114. *f.* 7. & *T.* 234. *f.* 3.
Viola Mariana folio digitato. *Pet. Hort. Sicc. n.* 20.
Viola inodora flore purpurascente specioso, foliis ad modum digitorum incisis. *Clayt. n.* 254.

* VIOLA Martia cœrulea inodora, radice tuberosa, foliis variis, aliis integris, aliis incisis. *Clayt.*

* VIOLA inodora pusilla, flore lacteo, foliis parvis integris. *Clayt.*

IMPATIENS pedunculis solitariis multifloris, caule nodoso.
Balsamina lutea sive Noli me tangere major, Virginiana, floribus saturate luteis, rubentibus maculis intus notatis. *Plukn. Alm. p. 63.*
Balsamina lutea sive Noli me tangere, floribus aureis, rubris maculis intus notatis, foliis tenuibus glaucis Chenopodii nonnihil similibus, caule ramoso rubente lucido glabro succulento, nodis tumescentibus. *Clayt. n. 150.*

Classis XX.

GYNANDRIA.

DIANDRIA.

ORCHIS foliis inferioribus ovatis, superioribus ovato-oblongis, floribus ex alis superioribus.
Bifolium Marilandicum aquaticum forte, spica florum breviore, floribus e sinu foliorum latiorum exeuntibus. *Raj. Hist. Plant. Tom. III. p. 595. n. 1.*
Orchis Myodes floribus spicatis, foliis amplis nervosis. *Clayt. n. 260.*

ORCHIS floribus sparsis, nectario pedunculum superante, labio infimo lineari.
Orchis Myodes aphyllos, autumnalis, caule ferrugineo rubente, radice alba testiculata maxima. *Clayt. n. 315.*

* ORCHIS abortiva verna testiculata, floribus minoribus, extra ferrugineis, intus purpureis. *Clayt.*

* ORCHIS abortiva sive Limodorum Austriacum, nullis neque a radice nec in caule foliis virentibus, Equiseti nonnihil instar, floribus extra rubiginei coloris, purpureis lineis eleganter notatis, intus rubentibus pendulis, in spicam tenuem dispositis, radice carnosa longa alba rostrata. Umbrosis Autumno floret. *Clayt.*

* ORCHIS abortiva, ab aliis Speciebus, quibuscum flore, fructu, cauleque aphyllo convenit, radice rotunda differens. *Clayt.*

* ORCHIS palmata floribus pallide luteis, eleganter fimbriatis. *Clayt.*

* ORCHIS palmata maxima autumnalis sylvestris, floribus speciosis, saturate flavis, dense stipatis, foliis longis angustis. *Clayt.*

* Orchidi affinis aquatica verna exigua, flore magno specioso pulcherrimo rubente, in summo caule unico, foliis angustissimis virentibus, in caule paucis, plerumque nullis, radice sphaerica carnosa alba singulari. *Clayt.*

LIMODORUM.
Helleborine Virginiana bulbosa, flore atro-rubente. *Banist. Plukn. Alm. p.* 182.
Gladiolo Narbonensi affinis Planta Mariana, floribus minoribus. *Pet. Mus. n.* 413.
Orchis verna testiculata aquatica, flore pulcherrimo specioso rubro in spicam tenuem disposito, foliis longis angustis. *Clayt. n.* 76.
Helleborine radice tuberosa, foliis longis angustis, caule nudo, floribus ex rubro pallide purpurascentibus Martyn. Cent. I. T. 50. *bujus videtur varietas.*

CAL. *nullus, cujus loco Germen.*
COR. *Petala quinque, ovato-lanceolata, aequalia.*
Labium inferius constituit Nectarium lineare, longitudine petali longitudinaliter barbatum, apice cordato.
STAM. *Filamenta vix conspicua. Antherae binae, adnatae corpori lineari arcuato, longitudine corollae, apice appendiculato.*
PIST. *Germen columnare, longitudine corollae, sub receptaculo floris. Stylus filiformis, adnatus corpusculo lineari. Stigma concavum.*
PERIC. *Capsula columnaris, trivalvis, angulis dehiscens.*
SEM. *numerosa, scobiformia.*

SERAPIAS foliis ovatis radicalibus, scapo nudo multifloro.
Orchis s. Bifolium aquaticum autumnale, flore herbaceo, caule aphyllo, foliis subrotundis plantagineis, radice palmata. *Clayt. n,* 1. & 138.

SE-

SERAPIAS caule nudo, radice palmata.
Orchidi affinis palmata, arvensis, minor, spiralis, floribus albis calcare carentibus, caule aphyllo. *Clayt. n.* 217.

NEOTTIA radicibus palmatis.
Bifolio affinis aquatica, floribus dilute luteis fimbriatis, radice palmata. *Clayt. n.* 15.

CYPRIPEDIUM foliis ovato-lanceolatis. *Linn. Fl. Lapp.* § 318.
Helleborine Calceolus dicta Mariana, caule folioso, flore luteo minore. *Plukn. Mant. p.* 101 *T.* 418. *f.* 2.
Calceolus flore maximo rubente purpureis venis notato, foliis amplis hirsutis venosis, radice Dentis Canis. Moccasine. Variat flore flavo. *Clayt. n.* 40.

CYPRIPEDIUM folio caulino ovato oblongo, terminatrici setaceo plano. *Linn. Hort. Cliff. p.* 430.
Helleborine Virginiana Ophioglossi folio D. Banister. *Plukn. Alm. p.* 182. *T.* 93. *f.* 2
Helleborine aquatica, flore in summo caule unico carneo, barba purpurea fimbriata, foliis Ophioglossi, radice fibrosa. *Clayt. n.* 77.

EPIDENDRUM caule erecto simplissimo nudo, racemo simplici erecto.
Bifolium, seu potius Orchis floribus pallide rubentibus, calcare longo donatis. Fly Orchis. *Clayt. n.* 260.

TRIANDRIA.

SISYRINCHIUM caule foliisque ancipitibus. *Linn. Hort. Cliff. p.* 430.
Bermudiana graminea, flore minore cœruleo. *Dill. Hort. Elth. p.* 49 *T.* 41. *f.* 49.
Pseudo-Asphodelus aquaticus floribus cœruleis, nonnunquam intus luteis, foliis longis angustis Gladioli æmulis, radice fibrosa. *Clayt. n.* 18.

PE-

PENTANDRIA.

PASSIFLORA foliis semitrifidis serratis, basi duabus glandulis convexis, lobis ovatis.
Granadilla triphyllos flore roseo. *Boerh. Ind. Alt. Part. II. p.* 82.
Granadilla folio tricuspide, late scandens, flore amplo specioso purpureo alboque variegato, fructu magno ovato. *Clayt. n.* 151.

PASSIFLORA foliis trilobis integerrimis, laciniis semiovatis obtuse acutis.
Passiflora foliis cordatis trilobis integerrimis glabris, lateribus angulatis. *Linn. Hort. Cliff. p.* 431.
Granadilla folio tricuspide, flore parvo flavescente. *Tourn. Inst. R. H p.* 240.
Granadilla minor, folio non dissecto, in tres lobos veluti partito, flore dilute luteo, fructu parvo per maturitatem nigro. *Clayt. n.* 118.

HEXANDRIA.

ARISTOLOCHIA caulibus infirmis angulosis flexuosis, foliis cordato-oblongis planis, floribus recurvis solitariis.
Aristolochia Pistolochia seu Serpentaria Virginiana caule nodoso. *Plukn. Alm. p.* 50. *T.* 148. *f.* 5.
The Snake-root of Virginia. *Catesb. Hist. Carol. Vol. I. T.* 29.
Serpentaria seu Pistolochia flore atro-purpureo in terræ superficiem procumbente, foliis cordiformibus. *Clayt.*

POLYANDRIA.

ARUM acaule foliis hastato-cordatis acutis, angulis obtusis. *Linn. Hort. Cliff. p.* 435. *n.* 8. ubi pro *America* leg. *Virginia.*
Arum aquaticum foliis amplis sagittæ cuspidi similibus, pene viridi, radice tuberosa, Rapæ simili, fervida & acerrima. *Clayt. n.* 228.

ARUM

ARUM acaule, folio ternato.
Arum minus triphyllum ſ. Ariſarum pene viridi Virginianum. *Mor. Hiſt. Oxon. Part. III. S. XIII. p. 547. n. 44. T. 5. f. 43.*
Ariſarum triphyllum, pene viridi. *Baniſt. Clayt. n. 66.*

ARUM folio enervi ovato.
Arum fluitans, pene nudo. *Baniſt. Cat. Stirp. Virg.*
Arum aquaticum minus ſ. Ariſarum fluitans, pene nudo Virginianum D. Baniſter. *Plukn. Mant. p. 28.*
Potamogeton foliis maximis glaucis, floribus luteis in ſpica longa denſe ſtipatis. *Clayt. n. 53.*

* Ariſarum triphyllum minus, pene atro-rubente, caule quoque maculis ejuſdem coloris notato. *Clayt.*

Classis XXI.

MONOECIA.

TRIANDRIA.

COIX feminibus ovatis. *Linn. Hort. Cliff. p.* 437. *& Act. Phil. Lond. Vol.* 23. *n.* 284. *pl.* 313.
Gramen Lacrymæ Jobi affine, fructu in spicam congesto. *Clayt. n.* 67.

COIX feminibus angulatis. *Linn. Hort. Cliff. p.* 438. *n.* 2.
Gramen dactylon Indicum esculentum, spica articulata. *Ambros. Phyt.* 546.
Gramen cyperoides spica simplici erecta, squamosa, glabra, articulata, suprema parte florifera, inferiori seminifera. *Clayt. n.* 445.

CAREX spicis pendulis, omnibus fœmineis, unica androgyna inferne masculina. *Linn. Hort. Cliff. p.* 439. *n.* 10.
Cyperoides spica pendula breviore. *Tourn. Inst. R. H. p.* 526.
Gramen alopecuroide arundinaceum aquaticum autumnale. *Clayt. n.* 259. *pl.* 2.

SPARGANIUM foliis adsurgentibus triangularibus. *Linn. Fl. Lapp* § 345.
Sparganium ramosum. *C. B. Pin.* 15. *Clayt. n.* 434.

TYPHA palustris major. *C. B. Pin.* 20.
Typha palustris altissima, clava nigricante. *Clayt.*

TETRANDRIA.

URTICA foliis lanceolato-ovatis petiolorum longitudine, racemis dichotomis petiolo brevioribus.
Mercurialis Species aquatica, foliis venosis serratis ad mo-

modum Urticæ, lucidis, quasi humore oleoso madentibus, pediculis longis ex adverso binis insidentibus, ad foliorum alas florifera: singulis flosculis semen nigrum lucidum compressum calyce quinquepartito expanso succedit. Planta odore grato prædita. *Clayt. n.* 246.

* URTICA aquatica frutescens, floribus in spicas longas ex alis foliorum egressis, nonnullis quoque summo caule quasi in pilulas tenues dispositis, spicarum cacumine foliolis coronato, foliis mitibus amplis serratis acuminatis, ex adverso binis, pediculis longis insidentibus. *Clayt.*

VISCUM. *Cæsalp. Syst.* 94.

* ALNUS communis. *Clayt.*

* BETULA julifera fructu conoide, viminibus lentis. *Clayt.*

PENTANDRIA.

* XANTHIUM foliis amplis subtus incanis, staminibus dilute flavescentibus, caule maculoso. *Clayt.*

* AMBROSIA altissima vix fœtida, foliis Artemisiæ. *Clayt.*

PARTHENIUM foliis lanceolatis serratis. *Linn. Hort. Cliff. p.* 442. *n.* 1.
Ageratum Peruvianum arboreum folio lato serrato. *Boerh. Ind. Alt. part. I. p.* 125. *n.* 7.
Ambrosia maritima folio crasso ad marginem inciso. *Clayt. n.* 243.

PARTHENIUM foliis ovatis crenatis. *Linn. Hort. Cliff. p.* 442. *n.* 2.
Partheniastrum Helenii folio. *Dill. Hort. Elth. p.* 302. *T.* 225. *f.* 292.
Ptarmica flore albo denso, in corymbos stipato, barbulis vix conspicuis, foliis paucis alternis auritis amplis muricatis, odore grato præditis. *Clayt. n.* 263. *pl.* 2.

AMARANTHUS floribus lateralibus congestis, foliis lanceolatis obtusis.
Amaranthus Græcus sylvestris angustifolius. *Tourn. Cor. Inst. R. H. p.* 17.
Amaranthus albus, caulibus glabris lucidis succulentis, foliis oblongis minoribus, coma parva non speciosa, ad nodos posita. *Clayt. n.* 442.

* AMARANTHUS floribus virentibus densissima spica congestis, foliis amplis rugosis, caule rubro striato. *Clayt.*

POLYANDRIA.

ACALYPHA foliis ovato-lanceolatis, involucris fœmininis obtusis. *Linn. Hort. Cliff. p.* 495.
Mercurialis tricoccos hermaphroditica, seu ad foliorum juncturas ex foliolis cristatis julifera simul & fructum ferens. *Banist. Cat. Stirp. Virg. Plukn. Alm. p.* 248. *T.* 99. *f.* 4.
Mercurialis foliis alternis acuminatis, ex alis foliorum spicatim florens, flore cauleque rubente, seminibus duobus vel tribus ad spicæ imum capsula foliosa cohærentibus. *Clayt. n.* 201. *Confer Act. Phil. Lond. Vol.* 17. *n.* 198.

* Ricinoides Urticæ foliis, fructu tricocco. *Clayt.*

JATROPHA foliis palmatis dentatis deorsum aculeatis. *Linn. Hort. Cliff. p.* 445. *n.* 2.
Ricinus frutescens Fici foliis. *Banist. Cat. Stirp. Virg.*
Jussievia herbacea spinosissima urens. *Houst.*
Ricinoides flore perfecto monopetalo specioso albo odorato, foliis Fici spinulis rigidis armatis, fructu echinato tricocco ad ramulorum divaricationes posito. Tota plantæ superficies spinulis urentibus obsita est. *Clayt. n.* 86.

SAGITTARIA foliis sagittatis. *Linn. Fl. Lapp.* §. 344.
Sagittaria aquatica flore tripetalo albo, foliis amplis longis muricatis Yuccæ æmulis, sed margine glabris. *Clayt. n.* 278.

QUER-

QUERCUS foliis lanceolatis integerrimis.
Quercus an potius Ilex Marilandica folio longo angusto Salicis. *Raj. Hist. III. dendr. p. 8. n. 11.* Willow-Oak. *Catesb. Hist. Carol. Vol. I. T. 16.*
Quercus Lini aut Salicis foliis. *Banist. Cat. Stirp. Virg.*
Quercus folio Salicis, nonnunquam hieme miti non deciduo. *Clayt.*

QUERCUS foliis superne latioribus opposite sinuatis, sinubus angulisque obtusis.
Quercus alba. *Banist. Cat. Stirp. Virg.*
Quercus alba Virginiana. *Park.* White-Oak. *Catesb. Hist. Carol. Vol. I. T. 21.*
Quercus alba, foliis ad modum Anglicanæ incisis. *Clayt.*

QUERCUS foliis cuneiformibus obsolete trilobis.
Quercus folio non serrato, in summitate quasi triangulo. Water-Oak. *Catesb. Hist. Carol. Vol. I. T. 20.*
Quercus nigra folio trifido. *Clayt.*
Quercus aquatica folio non sinuato ad finem triangulo. Clayt. (quæ Quercus forte Marilandica folio trifido ad Sassafras accedente Raj. & Catesb. Hist. Carol. Vol. I. T. 19.) Hujus est varietas.

QUERCUS foliis obverse ovatis, utrinque acuminatis serratis, denticulis rotundatis uniformibus. *Linn. Hort. Cliff. p. 448. n. 3.*
Quercus Castaneæ folio. *Banist. Cat. Stirp. Virg.* Chesnut-Oak. *Catesb. Hist. Carol. Vol. I. p. 18.*
Quercus Castaneæ foliis, glandibus maximis. *Clayt.*

QUERCUS foliorum sinubus obtusis, angulis lanceolatis seta terminatis integerrimis vix divisis.
Quercus Esculi divisura, foliis amplioribus aculeatis. *Plukn. Alm. p. 309. T. 54. f. 4.* Red-Oak. *Catesb. Hist. Carol. Vol. I. T. 32.*
Quercus rubra seu Hispanica hic dicta, foliis amplis varie profundeque incisis. *Clayt.*

*JUGLANS nigra, fructu rotundo profundissime insculpto. *Clayt.*

*JUGLANS alba, fructu ovato compresso, nucleo dulci, cortice squamoso. *Clayt.*

*JUGLANS alba fructu minori, cortice glabro. *Clayt.*

*JUGLANS alba, procerior, fructu minimo, putamine teneriori, pinnis foliorum minoribus. *Clayt.*

FAGUS foliis lanceolato-ovatis acute serratis, amentis filiformibus nodosis.
Castanea pumila Virginiana racemoso fructu parvo, in singulis capsulis echinatis unico. *Banist. Cat. Stirp. Virg. Plukn. Alm. p.* 90. Chinquapin bush. *Catesb. Hist. Carol. Vol. I. T.* 9.
Castanea humilior ramosa, fructu in singuliscapsulis unico parvo subrotundo acuminato. *Clayt.*
Folia ex lanceolata figura in ovatam transeunt obtusiusculam vel minus acuminatam, parum acute & profunde plicata, sed distincte serrata, subtus leviter tomentosa, superne lævia, petiolis brevissimis insidentia. Ex singula foliorum ala nascitur Amentum masculinum filiforme solitarium, folio longius, tectum capitulis seu nodulis ex pluribus flosculis congestis confertim positis.

*FAGUS vulgaris. *Clayt.*

*Castanea fructu dulciori. *Clayt.*

*CORYLUS nucleo rotundiori & duriori. *Clayt.*

CARPINUS squamis strobilorum inflatis. *Linn. Hort. Cliff. p.* 447. *n.* 2.
Carpinus Virginiana florescens. *Plukn. Phyt. T.* 156. *f.* 1.
Aceris cognata Ostrya dicta, florescens. *Ejusd. Alm. p.* 7.
Fagus florescens Virginiana Carpini foliis. *Hort. Beaum.*
Carpinus humilior, foliis Ulmio nonnihil similibus. *Clayt.*

PLA-

PLATANUS foliis lobatis. *Linn. Hort. Cliff. p.* 447. *n.* 2.
Platanus Occidentalis. *Catesb. Hist. Carol. Vol. I. T.* 56. *Act. Phil. Lond. n.* 333. *Vol.* 27. *n.* 88.

MONADELPHIA.

*PINUS conis agminatim nascentibus, foliis longis ternis ex eadem theca. *Clayt.*

*PINUS setis brevioribus viridioribus, conis minoribus in congerie paucioribus. Spruce-Pine. *Clayt.*

CUPRESSUS foliis distiche patentibus. *Linn. Hort. Cliff. p.* 449. *n.* 2.
Cupressus Virginiana, foliis Acaciæ deciduis. *Herman. Hort. Lugd. Bat. Catesb. Hist. Carol. Vol. I. T.* 11.
Cupressus foliis angustis ramosis Acaciæ similibus, fructu sphærico. *Clayt. n.* 384.

POLYADELPHIA.

*RICINUS foliis maximis in altitudinem 6. aut 7. pedum assurgens, fructu oleoso tricocco. *Clayt.*

Classis XXII.

D I OE C I A.

D I A N D R I A.

*SALIX vulgaris. *Clayt.*

T E T R A N D R I A.

MYRICA foliis lanceolatis, fructu baccato. *Linn. Hort. Cliff. p.* 455.
Myrtus Brabanticæ similis Caroliniensis baccata, fructu racemoso sessili monopyreno. *Plukn. Alm. p.* 250. *T.* 48. *f.* 9.
Candle-Berry-Myrtle. *Catesb. Hist. Carol. Vol. I. T.* 69. *Clayt.*

*Prioris Species humilior foliis latioribus serratis. *Clayt.*
Myrtus Brabanticæ similis Caroliniensis humilior, foliis latioribus & magis serratis. *Catesb. Hist. Carol. Vol. I. T.* 13.

H E X A N D R I A.

SMILAX caule tereti inermi, foliis cordato-ovatis acutis inermibus, petiolis bidentatis. *Linn. Hort. Cliff. p.* 459. *n.* 3.
Smilax humilior, floribus dilute luteis, baccis rubris. *Clayt. n.* 82.

SMILAX caule angulato aculeato, foliis dilatato-cordatis inermibus acutis. *Linn. Hort. Cliff. p.* 459. *n.* 4.
Smilax late scandens Bryoniæ nigræ foliis, caule spinoso, flore albicante, baccis atro-purpureis. *Clayt. n.* 81.

*SMILAX Lauri folio crasso, floribus parvis herbaceis, caule spinis rigidissimis armato, baccis nigricantibus. *Clayt.*

DIOS-

DIOSCOREA foliis cordatis acuminatis, nervis lateralibus ad medium folii terminatis. Mas.
Bryoniæ nigræ similis Floridana, muscosis floribus quernis, foliis subtus lanugine villosis, medio nervo in spinulam abeunte. *Plukn. Amalth. p. 46. T. 375. f. 5.*
Lupuli Species late scandens, foliis cordiformibus venosis, alia flore, alia semine fœcunda, flores albos steriles in spica pendula ferens, seminibus membranis extantibus alatis, vasculo quoque seminali membranaceo triquetro inclusis, plurimis in racemos ad modum Lupulorum dense congestis. *Clayt. n. 94.*

DECANDRIA.

NYSSA pedunculis multifloris.
Nyssa foliis integerrimis. *Linn. Hort. Cliff. p. 462.*
Arbor in aqua nascens, foliis latis acuminatis & non dentatis, fructu Elæagni minore. Tupelo-Tree. *Catesb. Hist. Carol. Vol. I. T. 41.*

NYSSA pedunculis unifloris.
Arbor in aqua nascens, foliis latis acuminatis & dentatis, fructu Elæagni majore. Water-Tupelo. *Catesb. Hist. Carol. Vol. I. T. 60.* Black-Berry-Bearing-Gum. *Clayt. n. 49.*
Huic Flosculi tres in receptaculo communi. Embryones ovati. Calyx quinquefolius minimus, singulo embryoni insidens. Pistillum unicum erectum filiforme, Stigma simplex incurvum. Priori Flores in corymbum dispositi. Calyx in decem tenuissima segmenta divisus. Stamina decem cum apiculis testiculatis.

ICOSANDRIA.

ARUNCUS. Linn. Hort. Cliff. p. 463.
Ulmaria floribus in longas spicas congestis. *Boerh. Ind. Alt. Part. I. p. 295.*
Anonymos foliis Pimpinellæ Saxifragæ, capsulis parvis triquetris in spicas longas dense stipatis. *Clayt. n. 302. & 421.*

Classis XXIII.

POLYGAMIA.

MONOECIA.

CENCHRUS capitulis ſpinoſis tomentoſis.
Gramen aculeatum Curaſſavicum. *H. R. Par.*
Gramen Americanum ſpica echinata, majoribus glumis. *Sch. Bot. Par. Mor. Hiſt. Oxon. Part. II. S. VIII. p. 195. n. 5.*
Gramen ſpicatum maritimum, locuſtis echinatis. *Clayt. n. 206.*

ATRIPLEX caule annuo, foliis deltoideo-lanceolatis obtuſe dentatis, ſubtus farinaceis. *Linn. Hort. Cliff. p. 469. n. 3.*
Atriplex maritima laciniata. *C. B. Pin.* 120. *Clayt.*

* ATRIPLEX frutescens, foliis parvis incanis ſinuatis, flores plurimos in ſummis caulibus ferens. *Clayt.*

DIOECIA.

* MORUS foliis minoribus, fructu parvo albo. *Clayt.*

* MORUS foliis latioribus, fructu rubro. *Clayt.*

* MORUS foliis ampliſſimis Fici ſimilibus, fructu longo nigro purpureo. *Clayt.*

FRAXINUS foliolis integerrimis.
Fraxinus Carolinenſis, foliis anguſtioribus utrinque acuminatis, pendulis. *Catesb. Hiſt. Carol. Vol. I. T.* 80.
Fraxinus foliis utrinque acuminatis, ſeminibus alatis pendulis. *Clayt.*

Claſſis XXIV.

CRYPTOGAMIA.

FILICES.

EQUISETUM arvenſe. *Linn. Fl. Lapp.* §. 130.
Equiſetum arvenſe longioribus ſetis. *C. B. Pin.* 16.
Equiſetum vulgare ramoſum. *Clayt. n.* 341.

FILIX florida, ſeu Oſmunda regalis foliis alternis, ſurculis ſeminiferis *n.* 11. *Pluknetio audit Filix non dentata florida, foliis alternis & in ſummo caule ſeminibus occultatis Alm. p.* 156. *T.* 181. *f.* 1. *Vix differt ab Oſmunda vulgari & paluſtri Tourn. niſi velis differentiam ſumere a pinnularum ſitu alterno.*

ADIANTUM fronde ſupra-decompoſita bipartita; foliis partialibus alternis, foliolis trapeziiformibus obtuſis.
Adiantum Americanum. *Corn. C.* 3.
Adiantum verum ſurculoſum, pinnulis tenuibus obtuſis, caule ramuliſque nigricantibus & lucidis. *Clayt. n.* 320. & 321.

POLYPODIUM fronde pinnata lanceolata, foliolis lunulatis ciliato-ſerratis declinatis, petiolis ſtrigoſis. *Linn. Hort. Cliff. p.* 475. *n.* 5.
Lonchitis maxima, coſta viridi hirſuta. *Clayt. n.* 322.

ACROSTICUM frondibus alternatim pinnatis, foliolis ovatis crenatis ſeſſilibus, ſurſum arcuatis.
Filix Polypodium dicta minima Virginiana platyneuros. *Plukn. Alm. p.* 153. *T.* 289. *f.* 2.
Trichomanes foliis minoribus, caule nigro ſplendente. *Clayt. n.* 14. *pl.* 2.

ACROSTICUM fronde pinnata, foliolis alternis linearibus, apice serratis.
Filix Mariana pinnulis seminiferis angustissimis. *Pet. Act. Phil. Lond. n. 246. p. 398.*
Polypodium. *Clayt. n. 11. pl. 2.*
Areolæ floriferæ nervo longitudinali folii distinguuntur in duas phalanges, & transversim quoque ad singulum latus disponuntur in plures partes.

MUSCI.

POLYTRICHUM caule simplici. *Linn. Fl. Lapp. §. 395.*
Polytrichum vulgare & majus, capsula quadrangulari. *Dill. Cat. Giss. p. 221.*
Polytrichum majus s. Muscus aquaticus foliis Juniperi. *Clayt. n. 363.*

BRYUM exiguum erectis parvis subrotundis creberrimis capitulis rufis, foliolis Serpilli angustis pellucidis. *Dill. Cat. Giss. p. 223.*
Bryum minimum foliis tenuissimis virentibus, capitulis parvis, pediculis brevibus insidentibus. *Clayt. n. 354.*

BRYUM foliis capillaceis, capitulis erectis, calyptra in pilum desinente, pediculis tenuibus. *Clayt. n. 355.*

BRYUM caule erecto, foliis setaceis, capitulis glabris. *Linn. Fl. Lapp. §. 400.*
Bryum trichodes virescens, erectis majusculis capitulis maliformibus. *Dill. Cat. Giss. p. 224.*
Bryum foliis capillaceis, capitulis parvis viridibus nudis rotundis, pediculis brevibus rubris insidentibus. *Clayt. n. 348.*

BRYUM trichoides erectis sublongis capitulis, extremitatibus per siccitatem stellatis. *Raj. Syn. III. p. 98. n. 33.*
Bryum capitulis cylindricis viridibus erectis, calyptra fusca acuminata. *Clayt. n. 345.*

BRYUM erectis capitulis oblongis majusculis, minus rubentibus, foliis oblongis, angustis, nitidis, pellucidis, valde tenuibus & dilute virentibus, cauliculis rubentibus. *Dill. Cat. Giss. p.* 223.
Bryum foliis angustis, capitulis fuscis longis nudis, pediculis longis insidentibus. *Clayt. n.* 347.

BRYUM capitulis pyriformibus magnis virentibus reflexis, calyptra rostrata, pediculis longissimis flavescentibus. *Clayt. n.* 369.

BRYUM ramosum foliis angustis, capitulis viridibus nonnihil reflexis, pediculis rubris longis tenuibus insidentibus. *Clayt. n.* 358.

BRYUM roseum majus, foliis oblongis. *Raj. Syn. III. p.* 92. *n.* 1.
An Selaginis species? capitulis adhuc non observatis. *Clayt. n.* 353.

HYPNUM Sabinæ foliis, capitulis atro-fuscis, pediculis brevibus. *Clayt. n.* 361.

HYPNUM repens crispum Cupressiforme. *Dill. Cat. Giss. p.* 217.
Hypnum foliis squamosis Sabinæ arcte conjunctis, capitulis & pediculis parvis rubentibus. *Clayt. n.* 349.

HYPNUM repens filicinum trichoides montanum, ramulis teretibus lutescentibus non divisis. *Raj. Syn. III. p.* 86. *n.* 349.
Hypnum Cupressiforme. *Clayt. n.* 369.

HYPNUM terrestre erectum, ramulis teretibus, foliis inter rotunda & acuta medio modo se habentibus. *Dill. Cat. Giss. p.* 220. *Clayt. n.* 330. *pl.* 2.

HYPNUM ramosum repens, foliis minimis capillaceis brevissimis, capitulis cylindricis viridibus, calyptra parva obtusa obscure flavescente, pediculis longis rubris insidentibus. *Clayt. n.* 359.

HYPNUM repens trichoides terrestre minimum, capitulis majusculis oblongis erectis. *Dill. Cat Giss p.* 216.
Hypnum foliis caulibusque tenuissimis, capitulis virentibus calyptratis, paululum reflexis. *Clayt. n.* 365.

SPHAGNUM ramis reflexis. *Linn. Fl. Lapp.* §. 415.
Sphagnum cauliferum & ramosum palustre, molle candicans, reflexis ramulis, foliolis latioribus. *Dill. Cat. Giss. p.* 229.
Muscus aquaticus Thuyæ vel Sabinæ foliis, cacumine sæpe rubente, an Sphagnum? *Clayt. n.* 337.

LYCOPODIUM ramis reflexis, apicibus radicatis, foliolis subulatis, basi ciliatis. *Linn. Hort. Cliff. p.* 476.
Muscus terrestris repens Virginianus humifusus, viticulis longioribus, foliolis tenuibus vestitus. *Mor. Hist. Oxon. Part. III. S. XV. p* 624.
Lycopodium terrestre repens, caule rotundo, foliis dense obsito, radices ad summitatem emittens, & se late propagans. *Clayt. n.* 27.

? *LYCOPODIUM foliis setaceis tenuissimis.*
Lycopodium. *Clayt.*
Quotquot hujus viderim specimina, clavis erant destituta. Hinc suspicor genuinam Lycopodii speciem non esse, sed solummodo caules Filicis Sarmentosæ bifrontis Plukn. Tab. 290. *foliis destitutos.*

AL-

ALGÆ.

MARCHANTIA calyce communi quadripartito, laciniis tubulosis. *Linn. Hort. Cliff. p. 477.*
Lunularia vulgaris. *Mich. Nov. Pl. Gen. p. 4. T. 4.*
Lichen terrestris folii aversa parte radices agente. *Clayt. n. 40.*

Hepatica vulgaris major, vel officinarum, Italiæ. *Mich. Nov Pl. Gen. p. 3.*
Lichen terrestre pileatum. *Clayt. n. 377.*

Lichenastrum imbricatum, capitula in folliculis ad radicem proferens. *Dill. Cat. Giss. p. 212.*
Lichenastrum trichomanoides imbricatum, capitulis atrofuscis, in quatuor segmenta se aperientibus, pedicellis argenteis pellucidis tenerrimis insidentibus. *Clayt. n. 350.*

Lichenastrum foliis erectis incisis, saturate viridibus. *Clayt. n. 364.*

LICHEN caule erecto tereti ramosissimo, alis perforatis filiformibus. *Linn. Fl. Lapp §. 437.*
Lichenoides tubulosum ramosissimum fruticuli specie, candicans. *Dill. Cat. Giss. p. 202.*
Coralloides terrestris. *Clayt. n. 334.*

LICHEN ramis filiformibus ramosis pendulis confertis. *Linn. Fl. Lapp. §. 457.*
Muscus arboreus, Usnea officinarum. *C. B. Pin. 361.*
Usnea s. Muscus arboreus. Lichenoides. *Clayt. n. 327.*
Hujus Varietas est Muscus arboreus aurantiacus, staminibus tenuissimis ex Insulis Fortunatis. Plukn. Alm. p. 355. T. 309. f. 2.

LICHEN caule simplici, calyce turbinato, margine tenui. *Linn. Fl. Lapp.* §. 428.
Lichenoides tubulosum pyxidatum, cinereum. *Dill. Cat. Giss. p.* 204.
Lichenoides terrestre tubulosum molle cinereum. *Clayt. n.* 356.

LICHEN caule simplici, calyce turbinato, centro multipliciter prolifero. *Linn. Fl. Lapp.* §. 433.
Muxus pyxioides. *Barrel. Obs.* 1284. *Tab.* 1278.
Lichenoides pyxidatum proliferum. *Clayt. n.* 352.

Lichenoides non tubulosum rigidum, corniculis cinereo-fuscis. *Clayt. n.* 351.

* Muscus pyxidatus acetabulis coccineis. *Clayt.*

ULVA tubulosa simplex. *Linn. Fl. Lapp.* §. 458.
Ulva marina tubulosa, intestinorum figuram referens. *Raj. Syn. III. p.* 62. *n.* 4.
Ulva gelatinosa viridis, substantiæ tenerrimæ. *Clayt. n.* 357.

ULVA palustris furcata, angustioribus & firmioribus segmentis. *Raj. Syn. III. p.* 63. *n.* 9.
Muscus erectus foliis capillaceis minimis. *Clayt. n.* 346.

FUNGI.

CLAVARIA militaris crocea. *Vaill. Bot. Par. p.* 39. *T.* 7. *f.* 4.
Fungoides aquaticum, clava aurea, pediculo pellucido argenteo. *Clayt. n.* 373.

Muscus terrestris acetabulis in summitate caulis rubentibus. *Clayt. n.* 371.

FINIS.

IN-

INDEX.

INDEX

Euo-

INDEX.

Po-